Jörg Knoll

Kleingruppen-
methoden

Effektive Gruppenarbeit in
Kursen, Seminaren, Trainings und Tagungen

Beltz Verlag · Weinheim und Basel

Über den Autor:

Prof. Dr. Jörg Knoll lehrt Erwachsenenbildung an der Universität Leipzig.

Anschrift: Am Wildbann 9, D-87616 Marktoberdorf

Die Deutsche Bibliothek – CIP-Einheitsaufnahme

Knoll, Jörg:
Kleingruppenmethoden : effektive Gruppenarbeit in Kursen,
Seminaren, Trainings und Tagungen / Jörg Knoll. –
Weinheim ; Basel : Beltz, 1993
 (Beltz Weiterbildung)
 ISBN 3-407-36309-5

Lektorat: Ingeborg Strobel

© 1993 Beltz Verlag · Weinheim und Basel
Herstellung: Klaus Kaltenberg
Satz (DTP): Satz- und Reprotechnik GmbH, Hemsbach
Druck: Druckhaus Beltz, Hemsbach
Umschlaggestaltung: Bernhard Zerwann, Bad Dürkheim
Printed in Germany

ISBN 3-407-36309-5

Inhaltsverzeichnis

Einleitung

Dieses Buch versteht sich als Praxishilfe. Das Programm lautet:

> **Kleingruppen sind ein höchst wirksames Instrument der Arbeit – aber nur, wenn es präzise eingesetzt wird.**

Das klingt wie eine Selbstverständlichkeit. Und doch ist es nützlich, sich in der Praxis immer wieder daran zu erinnern.

Wenn Kleingruppenarbeit gelingt, liegt das nicht nur daran, daß »Leute reden können« oder »gutwillig sind«. Näheres Hinsehen zeigt: Kleingruppen sind effektiv, wenn sie gründlich geplant wurden und sich dementsprechend eindeutig und nachvollziehbar in den Arbeitsablauf einfügen. Dazu gehören viele Details: der stimmige Arbeitsauftrag, die passende Gruppenbildung, die Form, wie Ergebnisse gesichert und weitergegeben werden usw.

Wenn sich mit Kleingruppenarbeit schlechte Erfahrungen und unangenehme Erinnerungen verbinden, liegt das häufig daran, daß die Präzision dieses Instruments hinter den Möglichkeiten zurückblieb. Kleingruppen als Ritual (»Jetzt ist mal wieder Gruppenarbeit dran ...«) oder als Füller (»... dann machen wir eben Kleingruppen«) werden von den Teilnehmenden rasch als leere Form durchschaut. Unzufriedenheit und Ärger über vertane Zeit sind die Folge. So kann bei einzelnen die Kleingruppenarbeit als solche in einen schlechten Ruf geraten, obwohl die erfahrenen Mängel nur von unzureichender Planung und oberflächlicher Gestaltung herrühren.

Was so einfach scheint, nämlich ein Plenum in Kleingruppen aufzuteilen, die dann effektiv arbeiten, ist – genau betrachtet – ein komplizierter Vorgang. Je genauer die Details bedacht und geformt sind, desto müheloser entwickelt sich der Ablauf und desto befriedigender sind die Erfahrungen und Ergebnisse.

Deshalb legt dieses Buch viel Wert auf die Einzelheiten. Es will dadurch die Praktiker/-innen anregen, das eigene Handwerkszeug mit dem Dargebotenen zu vergleichen. Daß ein Bedarf hiernach besteht, zeigen einschlägige Fortbildungsveranstaltungen. Dazu zwei Beispiele von ganz unterschiedlichen Anbietern:

"UND JETZT GEHEN WIR ALLE IN KLEINGRUPPEN..."

Werkstattabend: Gruppenarbeit

"Und jetzt gehen wir alle in Kleingruppen...". Dieser Satz geht manchen GruppenleiterInnen nicht leicht über die Lippen.
Auch dann nicht, wenn es gerade sinnvoll wäre, in Kleingruppen weiterzuarbeiten.
Die Befürchtung, daß niemand aufsteht oder die Diskussion beginnt, in der großen Runde sei es sowieso viel schöner, sitzt so manchem/mancher im Nacken.
Das Seminar gibt Gelegenheit, verschiedene Arten von Kleingruppen und motivierende Methoden kennenzulernen und zugleich wahrzunehmen, welche Faktoren und Bedingungen Kleingruppenbildung beeinflussen.
Eigene Fragen und Praxissituationen zum Thema können dabei eingebracht und besprochen werden.

Leitung:	Cornelia Stettner, Diakonin, NF
Termin:	**Dienstag**
	19.30 bis 21.45 Uhr
Ort:	Heilig-Geist-Haus, Seminarraum I, 2. Stock
	Hans-Sachs-Platz 2
Gebühr:	DM 10,–

301361 KLEINGRUPPENDIDAKTIK FÜR WAHLPFLICHTGEGENSTÄNDE

Beginn:	Freitag
Dauer:	1 Tag
Ort:	Pädagogisches Institut, AHS Abteilung, Angerzellgasse 14, Innsbruck
Leiter:	Mag. Werner MAZAGG
Referent:	Prof.Dr. Jörg KNOLL Tutzing (Bayern)
Anmeldung:	bis 28.Feb.
Zielgruppe:	alle Lehrer

Zum Aufbau des Buches

In Teil I werden Brennpunkte für die Planung und Gestaltung von Kleingruppenmethoden dargestellt. Dies sind spezifische Bereiche, in denen methodisches Handeln wichtig ist. Hierfür werden Anregungen gegeben, und zwar in Gestalt einzelner Abläufe und durchstrukturierter Formen (= Methoden).

Teil II behandelt ergänzend Perspektiven, Fragen und Hilfen, die bei der Planung und Gestaltung von Kleingruppenmethoden durchgängig wichtig sind. Sie sind für jeden Brennpunkt in Teil I bedeutsam.

Die Brennpunkte und Perspektiven sind im praktischen Handeln ineinander verschränkt. Das Buch muß sie trennen, um sie deutlicher zu machen. Um dieses Vorteils willen werden gelegentliche Wiederholungen in Kauf genommen.

An mehreren Stellen werden Beispiele einbezogen. Sie sollen Aussagen belegen und Hinweise anschaulich machen.

Umfangreiche Beispiele sind kursiv gesetzt. Sie werden am Rand durch einen eigenen Hinweis gekennzeichnet. Auf diese Weise kann der Text auch von den Beispielen aus erschlossen und gelesen werden.

z.B.

Zum Hintergrund des Buches

Wie schon gesagt, versteht sich das Buch als Praxishilfe. Es verzichtet deshalb bewußt darauf, Begründungszusammenhänge ausführlich darzustellen. Doch sollen hier einige Annahmen genannt werden, die hinter den empfohlenen Methoden und praktischen Hinweisen stehen.

Als *Kleingruppen* werden solche Konstellationen bezeichnet, in denen Menschen einander noch »von Angesicht zu Angesicht« wahrnehmen, miteinander sprechen und aufeinander hören können; in denen sie gemeinsam etwas arbeiten, entwickeln, erfinden und gestalten können. Da all dies auch von den beteiligten Personen, ihrer Geschichte, ihren Erfahrungen und Fähigkeiten abhängt, sind Zahlenangaben nur begrenzt aussagekräftig. Dennoch sei eine mittlere Gruppengröße von sieben bis acht Personen genannt. Dies schließt alle darunter liegenden Konstellationen ab zwei Personen ein und darüber liegende bis zu 12 oder 13 Personen in Einzelfällen nicht aus.

Unter *Kleingruppenmethoden* werden diejenigen Verfahrensweisen verstanden, die
- in sich eine geformte, abgegrenzte und abgrenzbare, wiederholbare und beschreibbare Struktur haben;
- geeignet sind, Kleingruppen arbeitsfähig und produktiv zu machen.

Hierbei wiederum wird *Kleingruppenarbeit* als Basismethode gesehen, die durch detaillierte Kleingruppenmethoden zusätzlich ausgestaltet und gefüllt wird.

Als Einsatzbereiche nennt der Untertitel des Buches Kurse, Seminare, Trainings und Tagungen. Gemeint sind damit alle Veranstaltungen der Erwachsenen- bzw. Weiterbildung, die mit einer konkret definierten Gesamtdauer arbeiten. Langzeitgruppen ohne definiertes Ende (z.B. Slow-open-Gruppen im Selbsterfahrungsbereich oder kontinuierliche Praxisberatungsgruppen) werden aufgrund ihrer spezifischen Gegebenheit in der Gruppenentwicklung hier nicht einbezogen, wenn auch einzelne Kleingruppenmethoden auf sie übertragbar sind.

Daß überhaupt Kleingruppenmethoden soviel Aufmerksamkeit zugewandt wird, liegt zum einen an einer Veränderung der Erwachsenenbildungs- bzw. Weiterbildungspraxis. Schon seit längerem treten frontale Vermittlungsformen (hier *der* Dozent, da die Teilnehmenden) zugunsten eines erarbeitenden, die Teilnehmer/-innen aktiv einbeziehenden Stils zurück. Zum anderen liegt es an einigen Grundannahmen, die sich ihrerseits an Gruppenpädagogik und Gruppendynamik, Lern- und Tiefenpsychologie ausrichten. Diese lauten folgendermaßen:

– Kleingruppen sind für das Lernen ertragreicher als plenare Vermittlungsformen.
– Kleingruppenmethoden geben Raum, vorhandene Kompetenzen aus Lebens- und Alltagserfahrung einzubringen, zu nutzen und zu stärken.
– Sie entsprechen damit in besonderer Weise dem Status von Erwachsenen, die vieles an Vorwissen, Kenntnissen und Fähigkeiten mitbringen. Sie sind Modell für ein selbsttätiges, erarbeitendes und weniger von Vorgabe und »Input« abhängiges Lernen, wie es spätestens dem Erwachsenenalter angemessen ist (und aus prinzipiellen Gründen auch dem Jugend- und Kindesalter).
– Kleingruppenmethoden erhöhen die Chancen der einzelnen Person, in ihrem Eigen-Sein wahrgenommen zu werden, und zwar sowohl von den anderen Teilnehmenden als auch von der Leitung.
– Kleingruppenarbeit fördert immer – sozusagen als Nebenwirkung – Begegnung und Kommunikation. Sie akzentuiert das Erleben, kann Freude machen und Spaß bringen. Sie ist also ein Rahmen für lebendiges Lernen.

All diese Möglichkeiten stellen sich nicht von selbst ein. Es wäre fatal, auf ihre Erfüllung einfach zu warten – etwa aus der Haltung heraus: »Die Leute sind ja erwachsen, die sollen das selbst entscheiden.« Wer zusammen mit anderen Menschen lehrend, vermittelnd, impulsgebend tätig ist, also pädagogisch arbeitet, hat eine Verantwortung nicht nur für die Inhalte, sondern auch für die Form des Handelns. Das gilt mit Blick auf Kinder und Jugendliche genauso wie im Hinblick auf Erwachsene. Deshalb stellt sich die Methodenfrage für die Erwachsenenbildnerin und den Erwachsenenbildner aus dem Zentrum des Tuns heraus: aus der pädagogischen Verantwortung.

Zum Schluß der Einleitung ...

... eine persönliche Anmerkung: Seit vielen Jahren praktiziere ich Methoden der Kleingruppenarbeit. Immer wieder fasziniert mich, wie Menschen in Kleingruppen aufblühen, Einfälle haben, auch in kürzester Zeit zu profilierten Ergebnissen kommen. Dabei sind bei vergleichbaren methodischen Grundstrukturen die Ergebnisse immer neu, immer eigen, stets authentisch, Sache *dieser* Personen und *dieser* Gruppe. Zugleich festigte sich mein Eindruck, daß gelingende Kleingruppenarbeit filigrane Feinarbeit voraussetzt. In diesem Buch versuche ich, einiges von dem, was sich im Lauf der Arbeit angesammelt hat, in Strukturbeschreibungen und Hinweise umzusetzen. Allerdings ist auch das eine Momentaufnahme. Mit jeder Veranstaltung wird die Werkstattarbeit weitergehen.

Teil I
Brennpunkte

für die Planung und Gestaltung
von Kleingruppenmethoden

»Wie bilde ich Kleingruppen?«
»Wie kommt eine Kleingruppe in Gang?«
»Wie sichere ich Ergebnisse?«
»Wie gestalte ich den Übergang zwischen Kleingruppe und Plenum?«

Solche Fragen stellt sich, wer in Kursen und Seminaren, Trainings und Tagungen Kleingruppenarbeit verwirklichen möchte. Sie fordern dazu heraus, stimmige Verfahrensweisen
zu entwickeln, anzubieten und einzusetzen. »Stimmig« heißt vor allem:
– dem angestrebten Ziel dienend,
– dem Inhalt, der »Sache«, dem »Gegenstand« gemäß,
– den Teilnehmenden entsprechend.

Es bedeutet außerdem:
– mit der Leitung, ihrer Kompetenz und ihrem Stil übereinstimmend und
– mit den Rahmenbedingungen (Zeit, Raum, Hilfsmittel) abgeglichen.

Der erste Teil dieses Buches greift zentrale Herausforderungen auf, die sich in der Erwach-
senen- bzw. Weiterbildung mit Kleingruppenarbeit verbinden, und entwickelt Hinweise für
die praktische Gestaltung. Dies geschieht jeweils in drei Schritten. Diese sind am Rand
graphisch gekennzeichnet.

1. Worum geht es?

Hier wird kurz dargestellt, worin die Herausforderung im einzelnen besteht und welche
Gestaltungsaufgaben sich mit ihr verbinden.

2. Anregungen

Dieser Abschnitt gibt Anregungen und Hinweise, wie die jeweilige Herausforderung und
Gestaltungsaufgabe angegangen werden kann. Er entwickelt Leitlinien und macht auf
»Haltegriffe« aufmerksam, die beim praktischen Tun nützlich sein können.

Am Schluß steht der Versuch, die vorangegangenen Hinweise auf den Punkt zu bringen,
sozusagen ein:

Merke!

3. Methoden

Der letzte Schritt nennt einzelne Methoden, die im Zusammenhang mit der jeweiligen Herausforderung und Gestaltungsaufgabe bedeutsam sind. Im Unterschied zu den eher allgemeinen Hinweisen im vorherigen Abschnitt geht es hier um helfende Verfahrensweisen, die eine bestimmte, klar abgegrenzte und beschreibbare Form bzw. Struktur haben und deshalb auch wiederkennbar und übertragbar sind.

Diese Methoden werden nach einem einheitlichen Raster dargestellt. Es umfaßt folgende Gesichtspunkte:

(1) Ziele
(2) Durchführung
   a) Ablauf
   b) Rahmenbedingungen
(3) Hinweise für die Leiterin/den Leiter
(4) Weiterarbeit.

Der letztgenannte Gesichtspunkt »Weiterarbeit« überschreitet häufig die Struktur der einzelnen Kleingruppenmethode und auch den Gegenstandsbereich des jeweiligen Kapitels. Dies ist Absicht, um die einzelne Methodenbeschreibungen auch über den Zusammenhang dieses Buches hinaus nutzbar zu machen.

Piktogramm

15

1. Kleingruppen bilden

1.1 Worum geht es?

Die Gesamtgruppe eines Seminars, eines Kurses, einer Tagung soll sich in Untergruppen aufteilen. Die Gestaltungsaufgabe sieht zunächst recht schlicht aus: Es geht darum, die Gesamtheit »Plenum« in Teileinheiten – eben »Kleingruppen« – aufzulösen.

Dieser scheinbar so einfache Vorgang ist in sich anspruchsvoll. Kleingruppen zu bilden heißt aus der Sicht der einzelnen, aktiv zu werden (oder werden zu müssen), auf Neues zu treffen, in eine zunächst unübersichtliche Situation zu geraten. Aus der Sicht des Ganzen bedeutet es, eine bestehende Ordnung – nämlich die »Gestalt« des Plenums – aufzugeben und eine Vielzahl von Prozessen anzustoßen.

Angesichts dessen geht es um eine Struktur, die

– einerseits der einzelnen Person zu einer Kleingruppe verhilft und
– andererseits das Plenum in Kleingruppen aufteilt, die als solche erfahrbar und die tatsächlich voneinander abgegrenzt sind.

Die Kleingruppen sollen auf eine Weise zustande kommen, die

– von den Teilnehmenden leicht erfaßt und vollzogen werden kann,
– praktikabel ist mit Blick auf Zeitaufwand und Raumgestaltung,
– hilft, die Sache zu erschließen und die angestrebte Ziele zu erreichen.

All dies macht bewußte Entscheidungen und präzises Handeln nötig. Daher lohnt es sich, bereits die *Gruppenbildung* unter methodischen Gesichtspunkten sehen und anzugehen.

1.2 Anregungen zur Gruppenbildung

Für die Methodenwahl zur Gruppenbildung ist es bedeutsam, was die Kleingruppenarbeit leisten soll (= Funktion) und wo sie im Entwicklungsgang der Gesamtgruppe angesiedelt ist. Außerdem soll die Methode der einzelnen Person eine wirksame Orientierungshilfe anbieten, die den Übergang aus dem übersichtlichen, »geordneten« Plenum in die wesentlich offenere, stärker fordernde Situation der Kleingruppe erleichtert.

Im Sinne von Grundfunktionen kann Kleingruppenarbeit Arbeitsprozesse eröffnen, vertiefen oder abschließen (vgl. Teil II/Kapitel 1).

Im Hinblick auf die Gruppenentwicklung ist die Situation des Plenums zu bedenken: Tritt die Gesamtgruppe für verhältnismäßig kurze Zeit und nur einmal zusammen? Beispiel: eine einmalige Informationsveranstaltung von rund zwei Stunden Dauer. Soll in diesem Fall Kleingruppenarbeit geschehen, wird sich die Form der Gruppenbildung im wesentlichen an den zuvor umrissenen Funktionen ausrichten und da wiederum in erster Linie der Eröffnung oder Vertiefung des Arbeitsprozesses dienen. Sie wird außerdem angesichts knapper Zeit eine Struktur wählen, die den Teilnehmenden hilft, rasch und ohne langes Suchen in eine Kleingruppe zu kommen.

Oder: Ist die Kleingruppe für längere Zeit beisammen? Beispiel: ein Wochenendseminar ab Freitag abend oder ein Kurs mit acht Abendeinheiten à zwei Stunden. Hier kann die Kleingruppenarbeit allen drei Funktionsbereichen dienen. Sie kann außerdem in Beziehung zur Gruppenentwicklung gesehen und gestaltet werden, indem sie z.B. das gegenseitige Kennenlernen fördert (zu Kleingruppenarbeit in der Anfangsphase vgl. Kapitel 6) oder bereits aufgebaute Kontakte für intensivere Zusammenarbeit nutzt oder Gelerntes sichert und Übertragungsmöglichkeiten entdecken läßt (zu Kleingruppenarbeit in der Schlußphase vgl. Kapitel 7).

Kontaktaufnahme mit (noch) unbekannten Gruppenmitgliedern oder intensive Arbeit auf der Grundlage persönlicher Interessen und Beziehungen legen Strukturen der Gruppenbildung nahe, mit deren Hilfe Orientierung, Bewegung, Platzwechsel geschehen können – Abläufe, die eher möglich werden, wenn mehr Zeit zur Verfügung steht.

Eine Orientierungshilfe für den Wechsel aus dem Plenum in die Kleingruppe erwächst aus der Notwendigkeit, inmitten einer Vielfalt von Handlungen diejenigen zu fördern, auf die es im Augenblick ankommt. Wer aufgefordert wird, mit anderen Personen eine Kleingruppe zu bilden und sich mit einer Sache zu beschäftigen, muß vielerlei nahezu gleichzeitig tun: sich auf die persönliche Begegnung einlassen *und* sich anderen Menschen zuwenden *und* die Zuwendung anderer zulassen *und* sich für ein Thema öffnen *und* nachdenken *und* Einfälle aussprechen *und* … In dieser Komplexität bedeutet es Entlastung, wenn eins der vielen »*und*« durch eine methodische Struktur sozusagen »abgenommen« wird. Wenn es z.B. eine Hilfe für die Art und Weise gibt, *wie* sich die Partner/-innen zu einer Kleingruppe finden, dann sind Kopf und Herz eher für die Arbeit am Thema frei.

In der Zusammenschau der bisher behandelten Gesichtspunkte heißt das:

> Kleingruppen zu bilden ist ein komplexer Vorgang. Eine überlegt gestaltete methodische Struktur macht ihn leichter. Sie berücksichtigt den Stand der Gruppenentwicklung und fördert das, was die Kleingruppenarbeit jeweils leisten soll.

1.3 Methoden zur Gruppenbildung

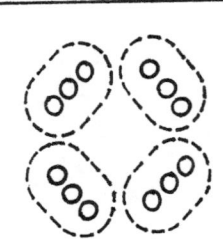

oder

z.B.

Nachbarschaftsgruppen

(1) Ziele

Den Wechsel vom Plenum in die Kleingruppe vollziehen:
– ohne Zeitaufwand,
– mit der Sicherheit, Partner/-innen für die Kleingruppenarbeit zu finden.

Mit Personen in einen Arbeitsprozeß eintreten, zu denen bereits Kontakt besteht (zumindest als Sitz- oder Tischnachbar/-in).

(2) Durchführung

a) Ablauf

Die Teilnehmenden werden gebeten, sich in einer bestimmten Weise zusammenzutun. Diese Form wird genau benannt und möglichst durch Gesten augenfällig gemacht.

Beispiele:

Zu einem Plenum am Tischviereck oder auf Stuhlreihen: »Bitte setzen Sie sich immer zu dritt zusammen.« Dabei wendet sich die Leiterin/der Leiter drei Personen rechts oder links von der eigenen Position zu, »markiert« sozusagen mit beiden Händen den Beginn und das Ende dieser Dreiergruppe, vollzieht denselben »Deutungs«-Vorgang nochmals mit der anschließenden Dreiergruppe und erleichtert so die Bildung der nächsten Dreierkonstellationen.

Zu einem Plenum mit Reihen aus Einzelstühlen: »Bitte setzen Sie sich immer zu viert zusammen, und zwar zwei Paare einander gegenüber. Ich gehe jetzt durch und nenne immer die Reihe, die sich bitte mit ihrem Stuhl umdreht.« Dann geht die Leiterin/der Leiter die Stuhlreihen entlang und bittet – mit der ersten Reihe beginnend, dann bei der übernächsten usw. – jeweils die erste Person, sich samt Stuhl umzuwenden.

b) Rahmenbedingungen

Nachbarschaftsgruppen sind diejenige Form der Kleingruppenbildung, die sich unter allen Rahmenbedingungen einsetzen läßt, also
– bei knapper Zeit
  (z.B. im Rahmen einer 45-Minuten-Einheit fünf Minuten Zweiergruppen zur Einstimmung oder zur Hebung von Vorerfahrungen),

- bei räumlicher Enge
  (z.B. voller Seminarraum, fehlende Gruppenräume),
- bei großen Gruppen
  (z.B. Fachtagung, Kongreß, »Massenvorlesung«).

Sie erfordert keinen oder allenfalls geringen organisatorischen Aufwand.

Dabei gilt die Faustregel: Je knapper die Zeit und je größer das Plenum, desto kleiner die Nachbarschaftsgruppe (bis hin zur Zweiergruppe, deren »Bauprinzip« vom Teilnehmenden keinerlei Organisationsaufwand verlangt), desto kürzer die Gruppenarbeitszeit und desto einfacher und einliniger der Arbeitsauftrag. (Zu Zeit und Raum s. Teil II, Kapitel 3.)

Die Ablaufbeispiele, wie sie unter (2a) genannt worden sind, setzen eine noch überschaubare Gesamtgruppe voraus, also ein Plenum bis zu 40 Personen. Es erleichtert natürlich den Ablauf, wenn die gegebenen und die angebotenen Zahlenverhältnisse genau aufgehen, also 30 Teilnehmer/-innen zehn Dreiergruppen bilden oder eine gerade Zahl von Stuhlreihen immer Paare einander gegenübersitzen läßt. Allerdings gilt eine Einschränkung: Wichtig ist, daß die gewählte Struktur für den größten Teil des Plenums ohne Probleme nachvollziehbar ist; für einen kleinen, übrigbleibenden Teil kann dann eine Sonderstruktur gewählt werden. Beispiel: In einem Plenum mit hufeisenförmiger Tischstellung bilden sich links und rechts von der Leitungsposition aus Dreiergruppen und »hinten« bleibt eine Vierer- oder eine Zweiergruppe übrig, die dann durch Geste oder Zuruf ermutigt wird, in dieser Konstellation zusammenzuarbeiten. Oder es sind elf Stuhlreihen gestellt; die Teilnehmer/-innen der ersten, dritten usw. Reihe drehen sich jeweils um; die Personen in der letzten Reihe werden gebeten, jeweils zu dritt zusammenzurücken.

(3) Hinweise für die Leiterin/den Leiter

Nachbarschaftsgruppen werden in einschlägige Methodendarstellungen unter verschiedenen Namen genannt, z.B. »Bienenkorb« (angesichts des Stimmgewirrs vieler Kleingruppen im Plenumsraum) oder »Methode 66« (sechs Teilnehmer/-innen arbeiten sechs Minuten lang zusammen). Das »Bauprinzip« ist – unbeschadet unterschiedlicher Bezeichnungen – gleich: Die Teilnehmer/-innen werden gebeten, in einer bestimmten, genau angegebenen Form zusammenzurücken.

Dies in Gang zu setzen bedarf Klarheit in der Ansage und einer engagierten Präsenz, aus der heraus der Vorgang der Gruppenbildung mit wacher Anteilnahme angestoßen und vom Anfang bis zum Ende wahrgenommen und begleitet wird. Diese Präsenz ermöglicht es auch, Sonderstrukturen für kleine Teilgruppen anzubieten (s.o.) oder auf Rückfragen zu reagieren.

(4) Weiterarbeit

Wenn sich die Kleingruppe mit Hilfe der jeweils angebotenen methodischen Struktur der Gruppenbildung gefunden hat, beginnt ihre Arbeitsphase. Deren Ausrichtung wird im inhaltlichen Teil des Arbeitsauftrages benannt und durch helfende Rahmenbedingungen unterstützt (vgl. hierzu in Teil I das 2. Kapitel »Die Sacharbeit anregen und zentrieren«).

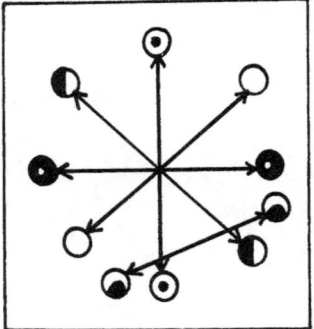

Zufallsgruppen

(1) Ziele

Den Wechsel vom Plenum in die Kleingruppe vollziehen:
– mit der Sicherheit, Partner/-innen für die Kleingruppenarbeit zu finden,
– mit der Aussicht, neue Personen (oder Personen neu) kennenzulernen,
– in einem Klima von Überraschung und Spiel.

Auflockerung und Belebung erfahren.

Sich buchstäblich in Bewegung setzen (auf jeden Fall körperlich durch Platzwechsel und – dadurch angeregt – auch geistig); durch Platzwechsel einen Perspektivenwechsel im Arbeitsraum vollziehen.

(2) Durchführung

a) Ablauf

Die Teilnehmenden werden gebeten, sich in kleinen Gruppen zusammenzutun. Damit verbindet sich die Ansage: »Sie finden sich, indem Sie ...« (= Erläuterung des weiteren Geschehens).

Techniken zur Bildung von Zufallsgruppen

Geburtstagsgruppen (Zweiergruppen):
Die Teilnehmenden werden gebeten, auf einen kleinen Zettel (oder ihr Namenskärtchen) Tag und Monat ihrer Geburt zu schreiben. Sie finden ihre Partner/-innen für die Zweiergruppe, indem sie aufstehen, herumgehen und die Geburtsdaten vergleichen. Partner/-in ist, wer mit dem Geburtsdatum dem eigenen am nächsten kommt.

Puzzlegruppen:
Es werden Postkarten in je zwei (oder drei oder vier) Teile zerschnitten. Diese Teile

können vorher versteckt unter den Stühlen befestigt werden. Oder jede(r) zieht ein Teil aus einem Körbchen. Aufgabe für die Gruppenbildung ist es, die Postkarten jeweils richtig wieder zusammenzusetzen.

Blumengruppen (Bonbon, Blätter, Farbpunkte etc.):
Es werden Blumen verteilt. Dabei ist jede Blumensorte zweimal (oder drei-, vier-, fünfmal) vertreten. Partner/-innen mit gleicher Blume bilden eine Gruppe. Nach diesem Prinzip können auch z.B. Arbeitsblätter, Programme bzw. Strukturaufrisse usw. vor der Ausgabe markiert werden (z.B. auf der Rückseite links unten mit *kleinen* Farbpunkten oder *klein gezeichneten* Symbolen). Zu gegebener Zeit werden die Teilnehmenden gebeten, sich »gleich und gleich« zusammenzufinden. Um den heiteren Überraschungseffekt zu erhalten, sollten diese Markierungen möglichst klein und dezent gehalten werden.

Sprichwortgruppen:
Statt Postkarten werden hier bekannte Sprichwörter oder Liedanfänge aufgeschrieben und in je zwei Teile zerschnitten. Sie sollen sich wieder richtig zusammenfinden.

Bändergruppen:
Es werden verschieden lange Bänder (oder Wollfäden) so geschnitten, daß immer zwei oder mehrere dieser Bänder gleich lang sind. Jede(r) zieht eines dieser Bänder und findet die andere Person dadurch, daß er/sie sein Band so lange mit denen der anderen vergleicht, bis das gleich lange gefunden ist.

b) Rahmenbedingungen

Zufallsgruppen als Form der Gruppenbildung machen einige Rahmenbedingungen nötig, die gegebenenfalls zu schaffen sind.

Das betrifft vor allem:

- genügend Platz und Bewegungsraum
  (um aufstehen und aufeinander zugehen zu können, z.B. Stuhlkreis mit freiem Raum in der Mitte als »Marktplatz« oder Tischviereck mit genügend freiem Raum außen herum);
- variable Bestuhlung
  (d.h. Sitzgelegenheiten, deren Position sich verändern läßt und die möglichst nicht zu schwer sind);
- eine noch überschaubare Größe der Gesamtgruppe
  (30 bis 40 Personen);
- einen Gesamtzeitrahmen, der Kleingruppenbildung durch ein Zufallsprinzip mit ihrem höheren Zeitbedarf gestattet.

Angesichts des organisatorischen Aufwands *und* des Erlebniswertes sollte die eigentliche Arbeitszeit von Zufallsgruppen nicht so knapp angesetzt werden, wie das bei Nachbarschaftsgruppen möglich ist; sie kann 15 bis 30 Minuten umfassen, wobei die notwendige Zeitdauer mit der Zahl der Gruppenmitglieder und dem Umfang des Arbeitsauftrags steigt. Die Gruppengröße sollte fünf Personen nicht übersteigen, um das Zufallsprinzip für die Personen, die sich suchen und finden müssen, noch handhabbar zu halten.

Ein organisatorisches Problem bei der Bildung von Zufallsgruppen besteht darin, daß hier eigentlich die genaue Zahl der Gruppenmitglieder bekannt sein muß. Das ist aber gerade bei neu beginnenden Gruppen oder Einzelveranstaltungen nicht immer der Fall. Selbst bei fester Anmeldung kann die tatsächliche Zahl der Teilnehmenden vom Anmeldestand abweichen.

Für diese Situation empfehlen sich als ausgleichende Maßnahmen:

● Bildung von Zweierzufallsgruppen:
Dieses Verfahren funktioniert immer – bei gerader Teilnehmerzahl sowieso; bei ungerader Teilnehmerzahl macht der Leiter/die Leiterin (oder ein Mitglied des Leitungsteams) einfach mit und stellt dadurch die gerade Zahl her. Vorsicht bei ungerader Teilnehmerzahl mit dem Arbeitsauftrag »… immer zu zweit und einmal zu dritt«: Da das einzelne Gruppenmitglied ja nicht wissen kann, wo schließlich eine Dreiergruppe sich bilden wird, entstehen Unsicherheiten – und mit größter Wahrscheinlichkeit mehrere Dreiergruppen.)

● Puzzlesets:
Es wird ein Bestand von Puzzleteilen für die zu erwartende Gruppengröße vorbereitet und gemischt. (Beispiel: 7 × 4 gleichartige Bonbons = 28 Bonbons in einen Korb = 7 Viergergruppen). Wenn nur 25 Personen erscheinen, werden 3 Bonbons von je anderer Sorte herausgenommen; es bleiben 25 Bonbons = 3 Dreiergruppen + 4 Viergergruppen. (Für den Fall, daß mehr Personen als angemeldet kommen, empfiehlt es sich, eine »Reserve« von nochmals 2 × je 4 Bonbons gleicher Art bereitzuhalten, die dann zugemischt werden können.)

Allerdings: Diese Rechnerei und das Hinzumischen kann gerade zu Beginn unsicher machen und Hektik erzeugen. Insofern ist die Variante »Zweierzufallsgruppen« weniger streßerzeugend.

(3) Hinweise für die Leiterin/den Leiter

Die Bildung von Kleingruppen durch ein Zufallsprinzip hat den Vorteil, daß sich die Teilnehmenden nicht selbst für oder gegen einzelne Mitglieder der Gesamtgruppe entscheiden müssen. Sie haben außerdem die Sicherheit, andere zu finden und gefunden zu werden. Das »garantiert« symbolisch das Element, das der Gruppenbildung dient (Geburtstagszettel, Blume usw.). Schließlich wirkt diese Gruppenbildung durch ihren spielerischen Charakter erheiternd und gesprächsauslösend.

Im Blick auf Gruppenentwicklung empfiehlt sich die Methode
- bei neuen Gruppen in der Anfangsphase zur Förderung von Kontakt und Kennenlernen (s. Kapitel 6);
- bei schon länger bestehenden Gruppen, um festgefügte Grenzen zwischen Untergruppen oder Isolation einzelner zu überwinden.

Eine didaktische Herausforderung besteht darin, bei der Bildung von Zufallsgruppen eine Technik zu suchen, die nicht nur formal die Gruppenbildung ermöglicht, sondern auch zum Inhalt führt.

Beispiele:

In einem Seminar über die tiefenpsychologischen Hintergründe von Märchen werden jeweils aus einem Märchen (= eine Gruppe) vier oder fünf Figuren auf Zettel geschrieben; die Teilnehmer/-innen ziehen dann jede(r) einen solchen Zettel und finden sich in den »Figuren-« = »Märchengruppen«.

z.B.

Oder: In einem Fortbildungsseminar für Erwachsenenbildner/-innen über erlebnisorientierten Zugang zu Literatur ziehen die Teilnehmer/-innen nach Begrüßung und Eröffnung jede(r) einen Buchstaben. Die Buchstaben sind aus farbigem Papier ausgeschnitten, wobei zwei verschiedene Buchstaben eine Farbe haben. Jede Person hat zunächst einmal zehn Minuten für sich mit der Anleitung: »Bitte beschäftigten Sie sich mit dem Buchstaben. Was verbindet sich für Sie mit diesem Buchstaben. Was fällt Ihnen dazu ein …« Anschließend gehen immer zwei Personen zusammen, die sich durch dieselbe Farbe ihrer Buchstaben finden, mit der Bitte: »Tauschen Sie sich über Ihre Einfälle aus.« Im Anschluß daran rücken zwei Zweiergruppen zusammen, und zwar nach willkürliche genannten Farben, z.B. grün/rot, blau/gelb usw. mit dem Auftrag: »Lassen Sie sich von diesen vier Buchstaben anregen zu einer Gestaltung – einer Geschichte, einem Gedicht, einer Szene.« Diese Arbeitsphase umfaßt eine halbe Stunde und geschieht in verschiedenen Räumen, die außen an der Tür mit der jeweiligen Farbkombination gekennzeichnet sind, damit jede Gruppe »ihren« Raum leichter findet.

Oder: In derselben Reihe wie die eben erwähnte Veranstaltung fand ein weiteres Seminar über erlebnisorientierten Zugang zu Theater statt. Nach Eröffnung und Begrüßung wurde ein Körbchen mit Süßigkeiten herumgereicht (und zwar immer drei bzw. vier Stück derselben Pralinen- oder Schokoladenart) unter dem Motto »Die Theaterleitung gibt etwas zum Rascheln aus« und mit der Bitte: »Erzählen Sie sich gegen-

seitig Theatererlebnisse. Lassen Sie sich durch diese Erzählungen anregen und erfin-
den Sie eine Mini-Inszenierung. Gestalten Sie diese kurz aus und führen Sie sie an-
schließend im Plenum den anderen vor.«

(4) Weiterarbeit

Wenn sich die Kleingruppe mit Hilfe der jeweils angebotenen methodischen Struktur
der Gruppenbildung gefunden hat, beginnt ihre Arbeitsphase. Deren Ausrichtung wird
im inhaltlichen Teil des Arbeitsauftrages benannt und durch helfende Rahmenbedingungen unterstützt (vgl. hierzu Teil I, 2. Kapitel »Die Sacharbeit anregen und zentrieren«).

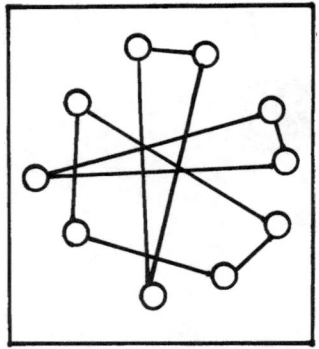

Wahlgruppen

(1) Ziele

Den Wechsel vom Plenum in die Kleingruppe vollziehen:
– aufgrund eigener Entscheidungen in bezug auf Inhalte (Sache, Gegenstand, Thema,
  Aufgabe) und Person(en),
– unter Berücksichtigung eigener Sach- und Beziehungsinteressen.

Aktivität im Zusammenhang mit der Verwirklichung eigener Interessen und mit Aus-
wahlvorgängen entwickeln.

(2) Durchführung

a) Ablauf

Die Teilnehmenden werden gebeten, sich in kleinen Gruppen zusammenzufinden. Damit verbindet sich die Aussage: »Sie finden sich, indem Sie …« (= Erläuterung der
nächsten Schritte).

Die nächsten Schritte, die eine persönliche Wahl anregen und einschließen, können
ausgerichtet sein
– personenorientiert
  (»… indem Sie sich immer zu viert zusammentun«; »… indem Sie kleine Gruppen
  bilden, in denen nicht weniger als vier und nicht mehr als sechs Personen sind«);
– inhaltsorientiert
  (»… indem Sie aus den genannten fünf Themen das Thema auswählen, an dem Sie

in der nächsten halben Stunde arbeiten möchten«) Dabei kann die inhaltsorientierte Wahl auch personenbezogene Gesichtspunkte einbeziehen, ohne daß dies im Bewußtsein der Betroffenen oder gar in der Anleitung im Vordergrund zu stehen braucht.

b) Rahmenbedingungen

Wahlgruppen kommen leichter zusammen, wenn im Plenumsraum Kristallisationspunkte angeboten werden. Das können z.B. sein:
– Gegebenheiten des Raumes
   (»In jeder Ecke des Raumes bitte nicht mehr als sieben Personen.«);
– auf dem Fußboden ausgelegte, tatsächliche »Treffpunkte«, beispielsweise aus gelbem Papier ausgeschnittene Scheiben
   (»Bei jedem Treffpunkt bitte nicht mehr als fünf Personen.«).

Das Treffpunktprinzip läßt sich als Organisationshilfe für Teilnehmer/-innen und Leitung noch weiter nützen und ausbauen:

Bei personenorientierter Wahlgruppenbildung, die mit Zahlenangaben arbeitet (»... nicht mehr als fünf Personen«) können auf dem Treffpunkt als Erinnerungshilfe Arbeitsraum, Arbeitsdauer und Arbeitsauftrag notiert werden. Falls eine bestimmte Form der Ergebnissicherung gewünscht wird, können die Hilfsmittel hierfür (z.B. Plakat und Filzstifte) ebenfalls beim Treffpunkt liegen *oder* als solche »Treffpunkt« sein.

Für den Fall, daß der Gruppenraum als Entscheidungskriterium für die Gruppenbildung nicht vom Vordergrund stehen soll – etwa wegen unterschiedlicher Wertigkeit von Räumen –, kann es sinnvoll sein, den Raum auf der Unterseite der ausgeschnittenen Papierscheiben zu notieren und die Treffpunkte dann, wenn die Wahlgruppen endgültig stehen, umzudrehen. Wenn Mitglieder eines Leitungsteams sich auf die Wahlgruppen aufteilen, aber nicht in den personenbezogenen Auswahlvorgang einfügen wollen, können sie vorher die Arbeitsräume unter sich verteilen; jedes Teammitglied ordnet sich dann nach der Gruppenbildung »seinem« Raum und mithin »seiner« Gruppe zu. Dies ist ein spezifisches Zufallsprinzip für das Verhältnis Teamer/-innen – Kleingruppen, das den Teilnehmenden leicht erläutert und durchsichtig gemacht werden kann.

Bei inhaltsorientierter Wahlgruppenbildung empfiehlt es sich, die differenzierenden Themen oder Aufgaben gut lesbar auf einzelne Papiere zu schreiben (bei ausführlichen Beschreibungen mit einer groß hervorgehobenen, Orientierung bietenden Überschrift) und diese Papiere als Treffpunkte am Boden auszulegen oder an die Wände zu hängen. Die Teilnehmenden wandern auf diesem »Marktplatz« so lange, bis sie »ihr« Thema gefunden haben – und indirekt auch die Leute, mit denen sie zusammenarbeiten möchten.

Um die Wahlmöglichkeiten bis zum Schluß des Gruppenbildungsprozesses zu erhalten, ist es wichtig, daß alle Teilnehmenden (auch die Gruppen, die sich schon gefunden haben) im Raum bleiben, bis die Gruppenbildung wirklich abgeschlossen ist. Falls eine oder mehrere Kleingruppen den Plenumsraum verlassen, während andere noch nach »ihrer« Gruppe suchen, vermindern sich die Konstellationsmöglichkeiten für die übrigen erheblich.

Daher ist eine Wahlgruppenbildung durch Angabe von Räumen als Treffpunkte problematisch: Die gemeinsame Situation des Plenums löst sich auf, ohne daß Teilnehmer/-innen und Leitung wahrnehmen können, wer in welche Gruppe geht und wie groß die Gruppen sind. So kann es geschehen, daß jemand auf der Suche nach einer Gruppe auf überfüllte Räume trifft, während andere unbesetzt bleiben, schließlich die Wanderung beendet und sich erst zum nächsten Plenum einfindet.

(3) Hinweise für die Leiterin/den Leiter

Wenn Wahlgruppen angeboten werden, kann dies gelegentlich den Reflex auslösen, als Nachbarschaftsgruppen zusammenzubleiben. Die typische Situation hierzu: Ein Mitglied des Leitungsteams legt auf dem Fußboden innerhalb eines großen Stuhlkreises Treffpunkte für die anschließende Gruppenbildung aus. Es folgt die Bitte, sich zu Gruppen zusammenzuschließen. Einige, die in der Nähe eines Treffpunktes sitzen, reagieren sofort; »wir bleiben gleich hier«, sagen sie und ziehen den Treffpunkt zu sich heran. Ein solches Verhalten ist verständlich, denn die Nähe der Sitznachbarn und -nachbarinnen ist allemal vertrauter und angenehmer als die neue Situation, das bekannte Terrain zu verlassen, auf andere zuzugehen, zu suchen, angesprochen zu werden, sich entscheiden zu müssen. Es kommt darauf an, diese Gestimmtheit zu verstehen *und* zur Aktivität zu ermutigen, wobei neben den Worten auch das eigene Verhalten bedeutsam ist. So kann der Leiter/die Leiterin beispielsweise sagen: »Ich bitte Sie, daß sich bei jedem Treffpunkt immer fünf Personen zusammenfinden – und wenn Sie aufstehen, können sie leichter auf jemand zugehen!« Hierbei steht der Leiter/die Leiterin selbst auf, stellt also tatsächlich dar, worum es nun geht, anstatt es nur zu sagen.

Die heikle Unterscheidungsaufgabe für die Leitung bei der Wahlgruppenbildung liegt darin, einerseits Hilfe und Unterstützung zu geben, damit Teilnehmende einen möglicherweise unbequemen Schritt dennoch gehen können, so wie im vorigen Abschnitt erläutert; andererseits aber die Freiheit zur tatsächlichen Selbstregulation zu lassen, auch wenn der Leiter/die Leiterin wahrnimmt, daß sich in einer Wahlgruppe »wieder dieselben« versammeln. Diese Freiheit mit Entscheidungsmöglichkeit, aber auch -notwendigkeit läßt sich freilich fördern, indem der Wahlvorgang um eine kurze Zeit verlängert oder bewußt nochmals eröffnet wird, etwa dann, wenn die Wahlgruppen im wesentlichen schon beisammenstehen, aber einzelne Personen noch Bewegungstendenzen erkennen lassen: »Bitte schauen Sie sich nochmals um und prüfen Sie, ob Sie da, wo Sie sind, richtig sind.« oder »Bitte prüfen Sie, ob Sie bleiben möchten, wo Sie sind, oder ob Sie Ihren Platz nochmals verändern wollen – und nehmen Sie sich dazu ruhig Zeit.« Abstrakt ausgedrückt, heißt das : In den zielgerichteten Vorgang, Kleingruppen durch Wahl zu bilden, wird ein retardierendes Moment eingefügt. Das Ergebnis, die abgeschlossene Kleingruppenbildung, wird hinausgeschoben zugunsten einer höheren Qualität des Prozesses. Für die Leitung bedeutet das, die eigenen Erfolgswünsche (»Die Leute sollen rasch in die Gruppen kommen und bald mit der Arbeit anfangen.«) oder auch Unsicherheiten (»Hoffentlich geht es das gut.«) zurückzustellen und jene Gelassenheit zu repräsentieren, die für eine wirklich gelingende Wahlgruppenbildung notwendig ist.

Wahlfreiheit bei der Kleingruppenbildung schließt Überraschungen ein. Möglicherweise ist *ein* thematisches Angebot überbesetzt. Ein anderes wird dafür nicht oder nur von ganz wenigen gewählt. In solchen Fällen empfiehlt sich, zu große Gruppen um der Arbeitsfähigkeit willen um eine Teilung oder Drittelung zu bitten. Dann wird eben ein thematischer Aspekt mehrfach bearbeitet. Eine im Vergleich zu den anderen sehr kleine Gruppe aus zwei oder drei Personen sollte nochmals um eine bewußte Überprüfung ihrer Entscheidung gebeten werden (gegebenenfalls mit Hinweis auf mögliche Schwierigkeiten, z.B. die geringe personelle Kapazität im Vergleich zum Arbeitsauftrag). Sie sollten dann aber die Freiheit haben, auch in der gewählten Konstellation zusammenbleiben zu können.

(4) Weiterarbeit

Wenn sich die Kleingruppe mit Hilfe der jeweils angebotenen methodischen Struktur der Gruppenbildung gefunden hat, beginnt ihre Arbeitsphase. Deren Ausrichtung wird im inhaltlichen Teil des Arbeitsauftrages benannt und durch helfende Rahmenbedingungen unterstützt (vgl. hierzu Teil I, 2. Kapitel »Die Sacharbeit anregen und zentrieren«).

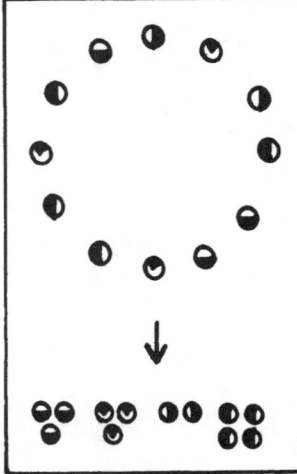

Kriteriengruppen

(1) Ziele

Den Wechsel vom Plenum in die Kleingruppe vollziehen:
- aufgrund von Kriterien, in denen sich Inhalt und eigene Person miteinander verbinden,
- in der Begegnung mit anderen, die dasselbe Kriterium erfüllen.

(2) Durchführung

a) Ablauf

Die Teilnehmenden werden gebeten, sich in kleinen Gruppen zusammenzufinden. Damit verbindet sich die Angabe von Gesichtspunkten, an denen sich die Gruppenbildung orientieren soll.

Beispiele:

In einem Seminar über Hauptergebnisse der Sozialisationsforschung werden in einer ersten Einheit die Teilnehmenden gebeten, miteinander über die Frage zu sprechen: »Welche Bedeutung hat mein Platz in der Geburtenreihenfolge für mich?« Sie sollen sich zu diesem Zweck in einer von insgesamt vier Kleingruppen einfinden, die in den vier Ecken des Raumes markiert sind und nochmals benannt werden: »Erstgeborene«, »Letztgeborene«, »mittlere Geschwisterposition«, »Einzelkind«.

z.B.

In einem Seminar zum Erwerb erwachsenenbildnerischer Qualifikationen werden in einer Einheit die Statussituationen von Hauptberuflichen und Nicht-Hauptberuflichen sowie die Unterschiede zwischen beiden Positionen herausgearbeitet. Zu diesem Zweck treten in einem ersten Schritt an der einen Seite des Plenumsraumes die Nicht-Hauptberuflichen (Ehrenamtliche und Honorarkräfte) und an der anderen Seite die Hauptberuflichen zusammen; anschließend werden innerhalb dieser beiden Halbplena Wahlgruppen mit jeweils sechs bis acht Personen gebildet.

In einem Seminar, das Führungskräfte einer Großorganisation für eine spezifische Lehrtätigkeit vorbereiten soll, spielt die Dauer der bisherigen Unterrichtstätigkeit und -erfahrung eine besondere Rolle. In einer Arbeitseinheit sollen die Teilnehmer ihre Sichtweisen von Lehren »auf den Punkt« bringen. Sie tun dies in Gruppen, die sich nach Dauer der Lehrtätigkeit unterscheiden (»im ersten Jahr«, »im zweiten Jahr«, »drei bis fünf Jahre«, »über fünf Jahre«).

b) Rahmenbedingungen

Eine kriteriengeleitete Kleingruppenbildung geschieht um so selbstverständlicher, je stimmiger die Kriterien und je eindeutiger sie als Treffpunkte markiert sind. Die Treffpunkte im Raum – am Fußboden oder an der Wand – mit der Angabe des jeweiligen Gesichtspunktes entlasten die Teilnehmer/-innen von der Notwendigkeit, die Technik ihres Zusammenkommens selbst entwickeln zu müssen. Am jeweiligen Treffpunkt können dann neben dem Kriterium zur Kleingruppenbildung weitere Informationen (z.B. schriftliche Form des im Plenum bereits erläuterten Arbeitsauftrages, Arbeitsraum, Arbeitsdauer) und Hilfsmittel (z.B. zur Ergebnissicherung) bereitgestellt sein.

(3) Hinweise für die Leiterin/den Leiter

Diese Form der Gruppenbildung eignet sich für alle Funktionsbereiche von Kleingruppenarbeit (s. Kapitel 1.2). Die Formulierung von inhaltlichen Kriterien setzt eine gründliche Analyse des Gegenstandes und eine genaue Zielbestimmung voraus, damit die Gesichtspunkte zur Gruppenbildung auch tatsächlich gegenstandsadäquat und eindeutig sind.

(4) Weiterarbeit

Wenn sich die Kleingruppe mit Hilfe der jeweils angebotenen methodischen Struktur der Gruppenbildung gefunden hat, beginnt ihre Arbeitsphase. Deren Ausrichtung wird im inhaltlichen Teil des Arbeitsauftrages benannt und durch helfende Rahmenbedingungen unterstützt (vgl. hierzu Teil I, 2. Kapitel »Die Arbeit anregen und zentrieren«).

2. Die Arbeit anregen und zentrieren

(Arbeitsauftrag, Ansage, inhaltserschließende Methoden)

2.1 Worum geht es?

Ist die Kleingruppe beisammen, soll sie mit ihrer Arbeit beginnen können. Sie braucht dazu einen helfenden Rahmen. Er richtet die Aufmerksamkeit der Beteiligten auf die Sache, die nun zu tun ist. Sie soll den Teilnehmenden in Gestalt einer Aufgabe, eines Problems, einer Fragestellung begegnen.

Diese zentrierende und zugleich anregende Funktion hat der *Arbeitsauftrag*.

Er wird in der Praxis meist zusammen mit der Arbeitsweise der Gruppen und der Methode zur Gruppenbildung bekanntgegeben.

Beides – der inhaltliche Arbeitsauftrag sowie die Anleitung zur Arbeitsweise und Gruppenbildung – verbinden sich in der Ansage.

Die Ansage gibt also der Kleingruppe eine Perspektive für das WAS und das WIE ihrer gemeinsamen Aktivität.

2.2 Anregungen für Arbeitsauftrag und Ansage

Die Ansage umfaßt:

(1) den eigentlichen Arbeitsauftrag,
(2) Angaben zur Arbeitsweise einschließlich Gruppenbildung,
(3) Angaben zur Dauer der Kleingruppenarbeit und zum Arbeitsort (Raum).

(1) Der eigentliche Arbeitsauftrag

Im Arbeitsauftrag wird das Was angegeben, d.h. das, worum es geht (die »Sache«, das Thema). Dies kann mit einer aktivierenden Einstiegsfrage verbunden werden. Beispiel: »Familienprobleme von Kursmitgliedern – wie gehen wir als Dozentinnen und Dozenten damit um?«

Das, was der Arbeitsauftrag unklar läßt, müssen die nachfolgenden Kleingruppen selbst ausfüllen und klären. Das kostet Zeit, kann Unlust hervorrufen und Verwirrung stiften, z.B. wenn die Kleingruppen einen diffusen Arbeitsauftrag unterschiedlich deuten und beim späteren Austausch ihrer Ergebnisse Verständigungsschwierigkeiten haben.

Es lohnt sich deshalb, in der Planung für die Formulierung des Arbeitsauftrages längere Zeit zu verwenden und so lange zu feilen, bis der Wortlaut »stimmt«, d.h. das Gemeinte wirklich wiedergibt, auf Anhieb verständlich ist und zugleich aktivierend wirkt. Dabei kann es eine Hilfe sein, sich den Arbeitsauftrag laut vorzusprechen. Das tatsächliche Hören macht Unklarheiten eher deutlich. Eine weitere Hilfe besteht darin, sich als Leiter/-in den entwickelten Arbeitsauftrag aufzuschreiben und ihn im Rahmen der Ansage durchaus auch vorzulesen.

In der Praxis ist aus Gründen des Zeitdrucks oder aufgrund einer Haltung, die manches »nicht so eng sieht«, gelegentlich die Einstellung zu hören: »Das fällt mir dann schon ein.« oder »Das formuliere ich in der Situation.« Das Risiko besteht darin, daß sich Verunsicherung aufschaukeln kann: Der in der Situation probierend entwickelte Arbeitsauftrag ist unklar oder mehrdeutig – die Teilnehmenden bleiben regungslos, weil sie innerlich noch versuchen, damit klarzukommen – der Leiter/die Leiterin merkt dies und formuliert neu, der Absicht nach verbessert – die Teilnehmenden bleiben abermals regungslos, weil sie nun die neue Version zu verstehen suchen – usw.

Auch bei kurzen Formulierungen hilft eine optische Unterstützung. Im Rahmen der Ansage wird der Arbeitsauftrag genannt und zugleich durch Tafel- oder Flip-Chart-Anschrift oder ein Plakat an der Wand unterstrichen. Zudem wird er für die folgende Arbeitsphase der Kleingruppen (die häufig im Raum bleiben) in Erinnerung gehalten.

Diese optische Unterstützung wird meist zu einem bestimmten Zeitpunkt benötigt, z.B. wenn die erste Kleingruppenarbeit nach der Begrüßung und nach einer kurzen Übersicht über die Hauptstationen des Seminarablaufs einzuleiten ist. Es empfiehlt sich deshalb, den Arbeitsauftrag vor Beginn aufzuschreiben oder bereits zu Hause vorzufertigen, dann die Tafel entsprechend umzuklappen oder die Flip-Chart-Blätter nach hinten umzuschlagen, so daß der Text bei Bedarf sichtbar gemacht wird.

Ist der Arbeitsauftrag erteilt, lohnt sich eine vergewissernde Rückfrage, z.B.: »Ist das für Sie durchsichtig, oder gibt es noch Klärungsbedarf?« Diese Unterbrechung in der Ansage stellt ein ähnlich retardierendes Moment dar wie im Falle der Wahlgruppenbildung die Aufforderung, den gefundenen Ort nochmals zu prüfen (s. Kapitel 1.3). Da sie Raum für Unvorhergesehenes öffnet, also ein gewisses Risiko mit sich bringt, spürt der Leiter/die Leiterin manchmal die Neigung, die Ansage vom Arbeitsauftrag bis zur Gruppenbildung »durchzuziehen« (»Damit es endlich losgeht.«). Auf so straffe Weise Aktivität zu fördern kann dem Arbeitsvorgang durchaus zugute kommen. Der Hinweis

31

auf die Möglichkeit einer Vergewisserungspause soll jedoch die Wahrnehmung dafür schärfen, daß der Leiter/die Leiterin aus entsprechender Gelassenheit heraus den Arbeitsauftrag noch deutlicher im Bewußtsein der Teilnehmenden verankern kann, wenn er/sie ihnen kurze Zeit zum Prüfen und Nachdenken läßt.

Die Sachseite des Arbeitsauftrages und seine Form – von der Frage bis zur Aufforderung – hängen vom Inhalt und vom (Lern-) Ziel ab. Angesichts der möglichen Breite von Gegenständen ist es nicht sinnvoll, hier einzelne Hinweise zu geben. Allerdings soll auf eine aktivierende Gestaltung aufmerksam gemacht werden, die erfahrungsgemäß reiche Ergebnisse, prägnante Gedächtnisinhalte und auch Freude beim Erarbeiten bringt: die Umwandlung von Sachaufgaben in paradoxe Anweisungen, z.B. »Bitte stellen Sie zehn Regeln für Gruppenleiter/-innen zusammen, eine Gruppe zu ruinieren.« oder »Zehn Regeln für Sprachkursleiter/-innen, die Teilnehmer/-innen zu vergraulen.« Die Paradoxie ist geeignet, auf höchst genaue Weise das eigentlich »Richtige« zu erfassen – nur eben nicht in der langweiligen oder abstrakten Form, wie sie Richtigkeiten zu eigen ist, sondern gleichsam maskiert durch das unmögliche oder komische Gegenteil (das ja im alltäglichen Leben oft genug vorherrscht).

(2) Angaben zur Arbeitsweise einschließlich Gruppenbildung

Durch die Angaben zur Arbeitsweise wird das Wie erläutert, d.h. die Art und Weise, wie die »Sache« bzw. das Thema zu behandeln bzw. wie der inhaltliche Arbeitsauftrag zu bewältigen ist.

Beispiel:

z.B.

»Familienprobleme von Gruppenmitgliedern – Wie gehen wir als Leiter/-innen damit um? Bitte tauschen Sie sich über Ihre konkreten Erfahrungen aus. Weil das im Plenum schwer möglich ist, soll dies in kleineren Gruppen geschehen. In jeder Ecke dieses Raumes finden sich bitte vier oder höchstens fünf Personen zusammen.«

Zur Reihenfolge von (1) und (2)

Für den Normalfall ist für den Ablauf zu beachten:
- An erster Stelle stehen Ansagen, die das »Was« der Arbeit betreffen, die inhaltliche Fragestellung, die inhaltliche Aufgabe;
- erst dann kommt die Ansage, die »Bewegung« hervorruft, z.B. etwas aufschreiben, etwas malen, Austeilen von Arbeitsmaterial, Gruppenbildung.

In dem Augenblick nämlich, wo Bewegung angesagt wird, ist die Aufmerksamkeit der einzelnen Person nicht mehr frei für das, was als inhaltliche Perspektive folgt, erst recht, wenn die nachfolgende Bewegung eine gewisse Herausforderung darstellt – und das ist bei Gruppenbildung allemal der Fall. Beginnt ein Leiter/eine Leiterin den Ar-

10 Minusregeln

1. Rede nie von Dir selber, bleibe sachlich und ernst

2. Rede in jede Pause hinein

3. Gerechtigkeit ist nicht zu erreichen, sei ungerecht

4. Ignoriere Konflikte in der Gruppe

5. Erzähle eine Anekdote nach der anderen

6. Greife nie in das Gruppengeschehen ein

7. Fühle Dich immer persönlich angegriffen und antworte mit Kurzreferat

8. Gehe zum Lachen in den Keller

9. Gib überall Deinen Senf dazu

10. Erteile ungefragt, aber heftig, Ratschläge

11. Scheue Dich nie, Gesprächsteilnehmer zu korrigieren und zu unterbrechen

Das Ergebnis einer Kleingruppe, die den Arbeitsauftrag ausführte: »Bitte stellen Sie zehn Regeln für Gruppenleiter/-innen zusammen, eine Gruppe zu ruinieren.«

beitsauftrag mit »Ich bitte Sie jetzt, in Kleingruppen …«, dann wenden sich sofort einige Teilnehmer/-innen ihrem Nachbarn oder ihrer Nachbarin zu. Andere sind zumindest innerlich damit beschäftigt, ob und mit wem sie sich zusammenschließen. Angesichts dieser verständlichen Besetzung der Aufmerksamkeit kann der inhaltliche Arbeitsauftrag leicht untergehen. Ähnliches kann bei Angaben zur Arbeitsweise geschehen, wenn diese am Anfang stehen (Leiter/-in: »Wir gestalten jetzt ein Bild über …« Teilnehmer/-in für sich oder laut: »Um Himmels willen, ich kann doch nicht malen.«). Um den inhaltsbezogenen Arbeitsauftrag wirklich zu verankern, muß ein schon begonnener Bewegungsvorgang – eine äußere Bewegung, ebenso aber eine innere – unterbrochen werden. Das ist schade, weil diese Energie der folgenden Arbeitsphase verlorengeht.

Um zu vermeiden, daß bei der genannten Reihenfolge (1) / (2) im Laufe des Bewegungsvorganges die inhaltliche Ansage vergessen wird, empfiehlt es sich, letztere anzuschreiben (oder schon bei der Vorbereitung auf ein Plakat aufzuschreiben und während oder nach der Ansage aufzuhängen).

Eine schriftliche Formulierung und Verteilung des Arbeitsauftrages ist vor allem dann sinnvoll, wenn sich Gruppen für eine längere Zeit zurückziehen; sie können sich dann zwischenzeitlich wieder an den Arbeitsauftrag erinnern.

Zur materiellen Unterstützung von (1) und (2):

Ähnlich wie bei der methodisch gestalteten Gruppenbildung sollen der Arbeitsauftrag und die Angaben zur Arbeitsweise Entlastung bieten, um das tun zu können, worum es im wesentlichen geht. Von diesem Grundsatz her ist zu überlegen, wie das, was gemeint und gewollt ist, nicht nur gesagt und aufgeschrieben, sondern auch noch materiell verankert und unterstützt werden kann.

Beispiele:

z.B.

In einem Seminar für Fortbildner/-innen von Lehrern und Lehrerinnen bilden sich Wahlgruppen zu folgenden beiden Arbeitsaufträgen (wobei zu jedem Auftrag mehrere Kleingruppen entstehen):
»Bitte tauschen Sie sich aus: Was ist nach unserer Erfahrung wichtig
– bei der Vorbereitung eines Referates?
– bei der Durchführung eines Referates?
Fassen Sie Ihre Überlegungen auf dem Plakat ›Empfehlungen für Referate‹ zusammen.«
»Bitte tauschen Sie sich aus: Was ist nach unserer Erfahrung wichtig beim Einsatz eines Referenten? Fassen Sie Ihre Überlegungen auf dem Plakat ›Empfehlungen für den Einsatz von Referenten‹ zusammen.«

Jede Gruppe erhält das ihr zugehörige Plakat, auf dem die genannte Überschrift bereits notiert ist. Auf diese Weise ist der inhaltliche Fokus während der gesamten Arbeitsphase optisch präsent.

Oder: In einem Seminar über selbstorganisiertes Lernen wird eine Einheit zu »Identität und Rolle der Professionellen angesichts selbstorganisierter Initiativen und Lernvorgänge« durch Wahlgruppen eingeleitet, die sich zu folgenden beiden Handlungsfeldern bilden:

– Selbstorganisation / selbstorganisiertes Lernen,
– Elemente von selbstorganisiertem Lernen in Institutionen.

Die Wahlgruppen erhalten ein Plakat, auf dem in der Mitte die stark vereinfachte Silhouette eines Menschen aufgezeichnet ist, dazu jeweils den Arbeitsauftrag:

»Bitte identifizieren Sie sich mit einer/einem Professionellen in dem von Ihnen gewählten Handlungsfeld:

Welche Aufgaben habe ich?

Wie verstehe ich mich?

Bitte notieren Sie Ihre Einfälle als Stichworte rings um die Silhouette.«

Die Vorgabe und die Ausgestaltung sind im folgenden wiedergegeben.

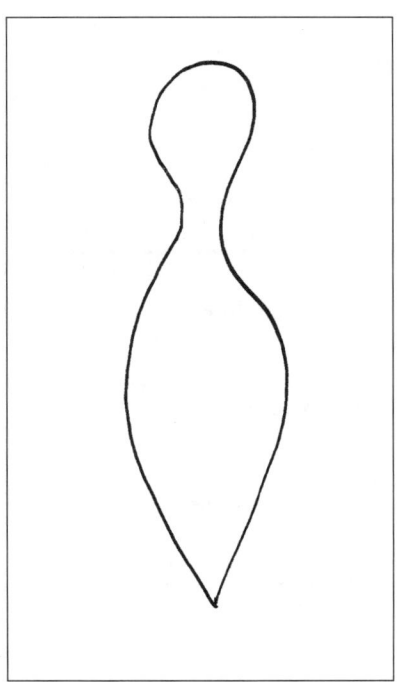

Auch hier ging es darum, den Fokus der inhaltlichen Arbeit optisch und gestalterisch für Einfälle (und Ergebnissicherung) ständig präsent zu halten.
Gleiches kann durch ein Arbeitsblatt geleistet werden, das die Teilnehmer/-innen bekommen und das den gesamten Arbeitsauftrag vergegenwärtigt. Hierzu folgt ein Beispiel aus einem Einführungsseminar für neue Kursleiter/-innen an einer Volkshochschule (aus einer Einheit über Anfangssituationen und Konsequenzen für ihre Gestaltung).

Merkmale des Anfangs

Bitte gehen Sie in Ihrer Gruppe zwei Schritte:

1. Bitte tauschen Sie sich aus:

   »Wie habe ich den Anfang dieses Seminars erlebt?«

   Was nahm ich wahr, was spürte ich *in mir selber*, z. B.:
   … auf dem Weg hierher …
   … beim Betreten des Seminarraums …
   … beim Warten …
   … bei der Begrüßung …
   …

   Bitte erzählen Sie sich gegenseitig das, was Ihnen noch einfällt und was Sie erinnern.

   ---

2. Wenn Sie sich darüber ausgetauscht haben, bringen Sie Ihre Empfindungen und Reaktionen »auf den Punkt«:

   »Welche Merkmale des Anfangs in einer Gruppe können wir feststellen?«

   Halten Sie jedes Merkmal auf einem einzelnen Zettel fest (jeweils ein Stichwort auf einem Zettel).

   Zeit:_____

(3) Angaben zur Dauer der Kleingruppenarbeit und zum Arbeitsort (Raum)

Die Angaben zur Arbeitsdauer und zum Arbeitsort nennen, was für die Organisation der Kleingruppen nötig ist. Gesichtspunkte, die hierbei zu berücksichtigen sind, werden im Teil I, Kapitel 3 eigens behandelt.

> Um effektiv zu sein, braucht die Kleingruppe eine stimmige Perspektive für das Was und Wie ihrer Arbeit. Dies leistet die Ansage. In ihrem Rahmen steht der inhaltliche Arbeitsauftrag *vor* den Angaben zur Arbeitsweise (einschließlich Gruppenbildung). Ansonsten besteht Gefahr, daß er untergeht. Es lohnt sich, Arbeitsauftrag und Arbeitsweise zusätzlich durch äußere Hilfsmittel zu sichern und zu stützen.

2.3 Methoden zur Erschließung von Inhalten

Der vorhergehende Abschnitt gab Hinweise, wie sich die inhaltliche Arbeit von Kleingruppen durch äußere Hilfsmittel sichern und stützen läßt. Noch intensiver leisten dies Methoden, die dem Handeln eine bestimmte Struktur geben, also die Basismethode »Kleingruppenarbeit« zusätzlich gestalten und füllen. Diese helfenden Verfahren haben zugleich eine wichtige Aufgabe für die Erfassung und Sicherung von Ergebnissen. Sie werden deshalb an dieser Stelle lediglich genannt.

Zur Anregung und Zentrierung der Sacharbeit lassen sich folgende Methoden einsetzen:

- Bild gestalten, Collage,
- Pantomime und Lebendes Bild,
- Rollenspiel,
- Pro und Kontra.

Die ausführliche Darstellung folgt im nächsten Kapitel unter 3.3.

3. Ergebnisse sichern

3.1 Worum geht es?

Der Arbeitsauftrag hat die Kleingruppen angeregt, sich mit der Sache, um die es geht, zu beschäftigen. Das engagierte Gespräch oder eine gemeinsame Aktion bewirken Eindrücke, lassen neue Sichtweisen entstehen, führen zu Erkenntnissen. Diese Ergebnisse sollen nicht untergehen. So ergibt sich im Zusammenhang mit Kleingruppenmethoden immer wieder die Herausforderung, den Ertrag sicherzustellen.

Ob und wie eine solche Sicherung geschehen soll, muß aus einem doppelten Grund bedacht werden.

– Im Blick auf die einzelne Person:
  Auch wenn Kleingruppenarbeit häufig als anregend und interessant empfunden wird, kann gleichzeitig der inhaltliche Ertrag fraglich bleiben (»Wir haben ja nur miteinander geredet.«). Immer wieder läßt sich in der Praxis der Erwachsenenbildung feststellen, daß Teilnehmende gar nicht wahrnehmen, *was* und *wieviel* sie durch Kleingruppenarbeit geleistet und herausgearbeitet haben. Häufig sind sie geneigt, diese Eigenleistung dem Beitrag eines Fachmannes hintanzustellen – selbst in Bereichen, in denen sie selbst durch Alltagserfahrung oder Berufstätigkeit kompetent sind. Angesichts dieser Haltungen kann Ergebnissicherung den Wert und sachlichen Ertrag von individuellem Mitarbeiten und gemeinsamer Kleingruppenarbeit betonen.
– Mit Blick auf die Einbindung von Kleingruppenarbeit in den Gesamtzusammenhang des Arbeitsablaufes:
  Kleingruppenarbeit hat ihren Wert in sich. Allerdings ist bei der Planung zu entscheiden, ob die Ergebnisse bei der Kleingruppe und ihren einzelnen Mitgliedern bleiben *oder* ob sie in der nachfolgenden Sequenz benannt oder gar verarbeitet werden sollen. Wenn eine Weiterführung vorgesehen ist, muß die Frage der Ergebnissicherung geklärt werden.

3.2 Anregungen zur Ergebnissicherung

Die Entscheidung, ob und wie Ergebnisse gesichert werden, orientiert sich zunächst einmal an der Funktion der Kleingruppen. Die wesentlichen Funktionsbereiche »Eröffnung von Arbeitsprozessen«, »Vertiefung von Arbeitsprozessen« und »Abschluß von Arbeitsprozessen« wurden bereits in Kapitel 1.2 kurz genannt. Grundsätzlich ist bei allen diesen Funktionen eine eigens vollzogene und strukturierte Ergebnissicherung denkbar – sowohl zur persönlichen Vergewisserung des eigenen Arbeitsertrages als auch im Hinblick auf eine eventuelle Weiterführung im Plenum. Eine gewisse Einschränkung folgt aus der Prüfung, ob die angestrebte Funktion eine gesonderte Ergebnissicherung verträgt oder gar braucht.

Beispiele:

Ein Seminar über selbstorganisiertes Lernen Erwachsener wird nach Begrüßung und Ausblick auf Inhalte und Arbeitsweise mit Kleingruppen eröffnet, folgender Arbeitsauftrag wird erteilt: »Bitte erzählen Sie einander Erlebnisse im Zusammenhang mit Selbstorganisation.« Die angestrebten Funktionen dieses Einstiegs beziehen sich auf »Einstimmung« und »Hebung von Vorerfahrungen«. Es kann bei diesem Austausch bleiben, ohne daß eine zusätzliche interne Ergebnissicherung stattfindet, weil es zunächst einmal darauf ankommt, durch Erinnern, Berichten und Zuhören einen eigenen, aktiven Zugang zum Thema zu entwickeln.

z.B.

Etwas anders sieht es aus, wenn die angestrebte Funktion der Kleingruppe in Richtung »Artikulation von Einschätzungen bzw. Fragen« geht, z.B.: »Bitte erzählen Sie einander Erlebnisse im Zusammenhang mit Selbstorganisation und leiten Sie daraus erste Einschätzungen für Möglichkeiten und Grenzen selbstorganisierten Lernens ab.« Der zweite Teil des Arbeitsauftrages verlangt eine Verarbeitung des Materials, das in der Erzählrunde zutage trat. Insofern ist es eine Entlastung, als Hinweis in den Arbeitsauftrag einzufügen: »Bitte erzählen Sie einander Erlebnisse im Zusammenhang mit Selbstorganisation. Nach 20 Minuten unterbrechen Sie bitte diesen Austausch. Vergegenwärtigen Sie sich nochmals die einzelnen Szenen und leiten Sie daraus erste Einschätzungen für Möglichkeiten und Grenzen selbstorganisierten Lernens ab.« Auch diese Einschätzungen könnten bei der Gruppe selbst bleiben, wenn sich z.B. ein Informationsteil anschließen soll, der allerdings mit der Kleingruppenarbeit derart verknüpft sein müßte, daß diese gewissermaßen ein »Aufmerksamkeitsraster« für die nachfolgende Informationsaufnahme hergibt.

Der tatsächliche Arbeitsauftrag in dem Seminar über selbstorganisiertes Lernen sah so aus: »Bitte erzählen Sie einander Erlebnisse im Zusammenhang mit Selbstorganisation. Greifen Sie eines davon heraus und stellen Sie es im anschließenden Plenum den anderen dar. Wählen Sie hierfür eine Form, die Ihnen Spaß macht.«
Die interne Ergebnissicherung geschah hier durch Auswählen und Verdichten (zu letzterem s.u. »Ergebnissicherung soll eine eigene Gestaltungsaufgabe sein«).

Das zuletzt genannte Beispiel macht darauf aufmerksam, daß die Frage der Ergebnissicherung auch vom Gesamtzusammenhang des Arbeitsablaufes her zu prüfen und zu entscheiden ist. Häufig wird eine Sequenz gestaltet in der Art: Kleingruppen zur Eröffnung oder Vertiefung oder zum Abschluß von Arbeitsprozessen – Weitergabe von Ergebnissen ins Plenum – Plenum zur Wahrnehmung der Ergebnisse (gegenseitige Information) oder zur Weiterarbeit an bzw. mit den Ergebnissen (gemeinsamer neuer Arbeitsgang). Eine solche Abfolge legt es in den meisten Fällen nahe, die Ergebnissicherung bereits in der Arbeitsphase der Kleingruppe zu verankern. (Eine mögliche Ausnahme wird im nächsten Kapitel unter 4.2 genannt.) In diesem Fall wird – bevor die Teilnehmenden in Kleingruppen auseinandergehen – im Rahmen der Ansage die Art und Weise der Ergebnissicherung genau angegeben.

Hierbei lohnt es sich, auf zwei Gestaltungsprinzipien zu achten:

● Ergebnissicherung soll als Aufgabe der *ganzen Gruppe* gestaltet werden. Nur so kann gesichert oder zumindest bewußt angeregt werden, daß sich *alle* daran beteiligen. Nur so wird sie für jedes einzelne Gruppenmitglied zu einem Vorgang, der den Ertrag individueller und gemeinsamer Arbeit ins persönliche Bewußtsein rückt.

Beispiele:

Die Kleingruppen werden gebeten, ihre Einfälle auf einem Plakat zu notieren. Oder: Jede(r) schreibt den eigenen Beitrag auf ein gemeinsames Plakat. Oder: Jede(r) schreibt wichtige Stichworte auf Einzelzettel. Oder: Ein Gruppenmitglied notiert für alle solche wichtigen Stichworte und läßt sich diese am Schluß bestätigen (vgl. 1.3 »Zettelprotokoll«).

Wenn Ergebnisse gesichert und vielleicht sogar noch ins Plenum weitergegeben werden sollen, dies aber nicht mit einer Aktivität der ganzen Gruppe verknüpft ist, kann es geschehen, daß diese Aufgabe schon zu Beginn der Kleingruppenarbeit an ein einzelnes Gruppenmitglied delegiert wird – oft mit problematischen Folgen: Die Verantwortung für das (eigentlich gemeinsame!) Ergebnis nimmt ab, mithin auch die persönliche Beteiligung am Arbeitsprozeß; und es kann Überraschungen geben angesichts dessen, was ein einzelnes Gruppenmitglied als Ergebnis der ganzen Gruppe erfaßt und präsentiert.

● Ergebnissicherung soll eine *eigene Gestaltungsaufgabe* sein.

Nur auf diese Weise wird Ergebnissicherung zu einer attraktiven Arbeitsphase, die über bloßes Sammeln (»Was hatten wir denn.«) hinausgeht. Hierfür empfehlen sich Verdichtungen oder Zuspitzungen, z.B.: »Formulieren Sie Ihr Ergebnis in Form von drei Thesen.« oder »Formulieren Sie drei goldene Regeln für ...« oder »Erfinden Sie vor dem Hintergrund Ihrer Überlegungen eine Schlagzeile für ein Boulevardblatt«.

Solche »Zuspitzungs-« oder »Verdichtungsaufgaben« haben außerdem den Vorteil, daß sie einen gleichsam spiralig verlaufenden Arbeits- und Lernvorgang anregen: Die Kleingruppe beschäftigt sich zunächst mit einem Sachverhalt, einem Thema usw. Wenn sie dann zur verdichtenden Gestaltung ihres Ergebnisses übergeht, wiederholt sie manches von dem zuvor Erarbeiteten, überträgt es in eine neue Form und sichert dadurch Erkenntnisse und Einsichten.

Genau wie beim Arbeitsauftrag und den Angaben zur Arbeitsweise von Kleingruppen sind auch bei der Ergebnissicherung materielle Unterstützungen hilfreich. Sie stellen für den erbetenen Arbeitsgang eine Handlungsfolge und eine Form bereit. Als helfende Vorstrukturierungen können beispielsweise dienen:

– Plakate mit vorgefertigten Überschriften,
– »Kristallisationskerne« für eine weitergehende Gestaltung, z.B. eine Silhouette oder eine Umrißskizze, die dann ausgefüllt werden (vgl. die Beispiele in 2.2).

Zur materiellen Unterstützung zählt auch, daß nötige Hilfsmittel wie Schreibgrund (z.B. alte Plakate, Tapetenrollen, Restrollen von Rotationspapier, Einzelzettel), Schreibmaterial (Filzstifte, Wachsmalkreiden) oder andere benötigte Gestaltungshilfen vorhanden sind. Diese Materialien können in die Gruppenbildung integriert werden, indem sie bei den Treffpunkten der Gruppenbildung bereitliegen oder sogar als solche benutzt werden (s. Kapitel 1.2), oder sie werden bereits vor Arbeitsbeginn in den Räumen der einzelnen Gruppen ausgelegt.

Die Ergebnissicherung als Aufgabe für die ganze Gruppe und als eigener Gestaltungsvorgang, gefördert durch materielle Unterstützung, kann die gesamte inhaltliche Arbeit begleiten. Sie kann aber auch als neuer, zweiter Schritt angefügt werden. Die bisherigen Beispiele haben diese beiden Varianten schon erkennen lassen. Wenn beispielsweise Kleingruppen gebeten werden, Einfälle auf einem Plakat zu notieren, oder wenn ein Gruppenmitglied wichtige Stichworte aus einem Gespräch auf einzelnen Zetteln mitschreibt, um sie später sichtbar zu machen, so geschieht dies *während* der Arbeit an der Sache. In diesen Fällen ist mit Beendigung der inhaltlichen Arbeit auch die Ergebnissicherung weitgehend abgeschlossen. Sie wird allenfalls nochmals kontrolliert und abgerundet. Anders sieht es aus, wenn der Ertrag gesondert beschrieben und erfaßt wird. Dies ist bei allen Formen der Ergebnissicherung der Fall, die mit Zuspitzung und Verdichtung arbeiten. Auch ohne diese methodische Struktur kann Ergebnissicherung als eigener Vorgang angeregt werden, z.B. nach Unterbrechung einer laufenden Kleingruppenarbeit im Plenumsraum: »Bitte denken Sie nochmals an Ihr Gespräch zurück und vergegenwärtigen Sie sich die Hauptlinien Ihrer Überlegungen.« oder »Halten Sie gemeinsam fest, was für Sie der Ertrag dieses Austausches ist.« Gleiches kann in einem schriftlichen Arbeitsauftrag mit Zeitangabe fixiert werden: »Nach 20 Minuten unterbrechen Sie bitte Ihr Gespräch. Denken Sie nochmals an das Gespräch zurück und …« (Fortsetzung wie zuvor). Die Wiedergabe eines schriftlichen Arbeitsauftrages in Abschnitt 2.2 (»Merkmale des Anfangs«) liefert ein Beispiel dafür, wie sich der Neueinsatz einer Ergebnissicherung vom Inhalt her gestalten läßt: Zuerst erzählen sich die Kleingruppenmitglieder Erfahrungen und Eindrücke aus der erlebten Anfangssituation; anschließend leiten sie daraus Merkmale ab, die sie als einzelne Stichworte notieren.

> **!** Kleingruppen sind produktiv. Ob und wie ihre Ergebnisse zu sichern sind, muß im Blick auf die einzelne Person sowie den Gesamtzusammenhang und die Funktion der Kleingruppenarbeit bedacht werden. Wenn Ergebnissicherung angestoßen wird, soll sie eine *eigene Gestaltungsaufgabe* der *ganzen Gruppe* sein. Nur so wird sie zu einer Bereicherung für alle Mitglieder der Kleingruppe. Im übrigen lohnt es sich, die Ergebnissicherung durch äußere Hilfsmittel zu fördern und zu stützen.

3.3 Methoden zur Ergebnissicherung

Die Methoden, die im folgenden genannt werden, haben eine doppelte Leistungsmöglichkeit: Sie helfen, die Sacharbeit anzuregen und zu zentrieren (vgl. Kapitel 2.2); und sie sichern auf unterschiedliche Weise die Ergebnisse von Kleingruppenarbeit.

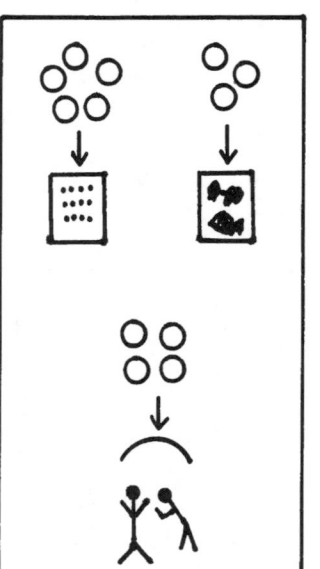

Offene Form der Ergebnissicherung

(1) Ziele

Ergebnisse der gemeinsamen Gruppenarbeit sichern; gemeinsam eine Form finden, die der Sache und der eigenen (Gruppen-)Situation angemessen ist; schöpferische Gestaltungskräfte freisetzen; Freude erleben.

(2) Durchführung

a) Ablauf

Die Kleingruppe erhält einen inhaltlichen Arbeitsauftrag und dazu die Anleitung: »Fassen Sie Ihr Ergebnis in einer Form zusammen, die Ihnen gefällt.« oder (mit einem stärkeren Impuls in Richtung Kreativität) »die Ihnen Spaß macht«.

b) Rahmenbedingungen

Die Entwicklung einer eigenen Form braucht Zeit. Sie ist einzuplanen. Sie kann im gesamten Zeitbudget der Kleingruppenarbeit enthalten oder aber als »zweiter Schritt« zeitlich eigens ausgewiesen sein.

(3) Hinweise für die Leiterin/den Leiter

Die »offene« Form der Ergebnissicherung ist eine Methode mit paradoxer Grundstruktur: Es wird im Rahmen der Ansage einerseits eine *Vorgabe* gemacht (»Fassen Sie Ihr Ergebnis in einer Form zusammen, …«), die aber andererseits *offen*bleibt (»die Ihnen gefällt.«). Insofern erhalten die Teilnehmenden einerseits einen Handlungsrahmen, andererseits bleibt das Wie des Handelns undefiniert, stellt also eine Herausforderung dar. Situationen und zumal Paradoxien dieser Art sind komplex. Sie können verunsichern oder gar ängstigen. Einen Spiegel für diese Möglichkeit liefert die eigene Person der Leiterin/des Leiters, wenn angesichts solcher Vorgehensweise innerlich Reaktionen auftauchen wie: »Da machen die Leute nicht mit.« oder »In der kurzen Zeit fällt ihnen doch nichts ein.« oder »Ganz am Anfang kann man so etwas nicht machen.«

Angesichts solcher Reaktionen, die durchaus verständlich sind, empfiehlt sich als unsicherheitsmindernde Ergänzung ein Hinweis in der Art: »Fassen Sie Ihr Ergebnis in einer Form zusammen, die Ihnen gefällt. Das kann eine Schlagzeile sein oder eine Szene ohne Worte.« Damit wird eine Assoziationshilfe angeboten, die Inseln im Meer der Möglichkeiten auftauchen läßt. Aber Vorsicht: Diese Hinweise sollten fachwortfrei sein! Also eher »Szene ohne Worte« als »Pantomime« oder »eine kleine Szene« als »Rollenspiel«, weil gruppenpädagogische oder methodische Fachworte ihrerseits verunsichernd wirken können.

(4) Weiterarbeit

Vgl. dazu das nächste Kapitel zu »Ergebnisse präsentieren«.

Tagebuch

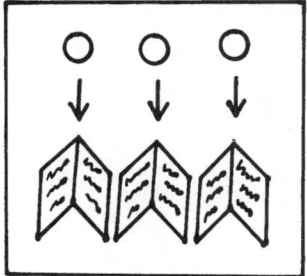

Unter Verwendung einer Methodenbeschreibung von Wolfram Jokisch

(1) Ziele

Für sich persönlich:
- eine Veranstaltung dokumentieren,
- Inhalte wirksam aneignen (da selbst entschieden wird, was wichtig ist, und selbst Aufgeschriebenes besser im Gedächtnis haftet);
- den eigenen Lernweg fortlaufend reflektieren können;
- eine Erinnerungs- und Wiederholungshilfe gewinnen.

(2) Durchführung

a) Ablauf

Das Tagebuch wird in der Anfangsphase einer Veranstaltung ausgegeben (z.B. im Laufe der ersten eineinhalb Stunden). Dabei wird seine Funktion und Nutzungsmöglichkeit erläutert *und* gleich praktiziert.

Im weiteren Verlauf wird immer wieder »Zeit für sich« (= Einzelarbeit mit dem Tagebuch) eingeplant und gegeben.

Der Einsatz eines Tagebuchs lohnt sich bei längeren Veranstaltungen (z.B. Wochenseminar, Bildungsurlaub von mindestens einer Woche, fraktionierte Veranstaltungen wie etwa Seminarreihe oder Kurs mit mehreren Einheiten, vor allem auch länger dauernde Fortbildungsprogramme wie etwa Kommunikationstraining über mehrere Abschnitte oder Fernkurs/Fernstudium (auch Funk- bzw. Telekolleg) mit Direktphasen bzw. Studienzirkeln).

Bei entsprechender Verknüpfung mit dem Gegenstandsbereich ist der Einsatz eines Tagebuches auch bei Wochenendveranstaltungen denkbar, z.B. bei einem Literaturseminar, wo sich Begegnung mit Geschriebenem und eigenes Schreiben aufeinander beziehen.

b) Rahmenbedingungen

Das Tagebuch soll möglichst eine »Gabe an die Teilnehmenden« sein, d.h. die Kosten sind in der Kalkulation bereits enthalten. Für die Ausstattung empfiehlt sich ein Heft im DIN-A5–Format, mindestens von der Stärke eines Doppelheftes, mit festem, dauerhaftem Einband. Dessen Gestaltung sollte deutlich anders sein als die von Schulheften, da für manche Teilnehmer/-innen die Assoziation »Schule« und »Hefte austeilen« eher unangenehm ist.

Die erste Innenseite rechts läßt sich eigens gestalten, z.B. mit Bezug auf das Programmthema oder für den Namenseintrag.

Muster sind angefügt.

Mein

Kompaktkurs-Tagebuch

*Titelseite aus dem Tagebuch für Teilnehmer/-innen; ausgegeben bei einem rund
halbjährigen Fortbildungskurs.*

"Denn jedes Leben ist auf seine Weise auf dem Sprung zur Sprache."

Peter Sloterdijk

"Die Rute Tagebuch macht hellwach, aber auch hell träumerisch ...

Wer zu seinem Tagebuch kommt, kommt zu sich selbst und zur Welt, er umarmt die Erscheinungen des äußeren Lebens und umarmt seine Erfahrungen, wie Jakob an der Leiter - ich lasse dich nicht, du segnest mich denn."

Marie Luise Kaschnitz

Titelseite aus dem Tagebuch, das zu Beginn eines Fortbildungsseminars für Erwachsenenbildner/-innen über erlebnisorientierten Zugang zu Literatur ausgegeben wurde.

(3) Hinweise für die Leiterin/den Leiter

»Tagebuch« kann Gefühle auslösen. Sie reichen von angenehmen Erinnerungen bis hin zu ausgeprägten Abneigungen (z.B. vor dem Hintergrund selbstauferlegter Schreibzwänge oder Verletzung von Intimität durch Zugriff von außen). Es empfiehlt sich daher, bei der Einführung des Tagebuchs die Verschiedenartigkeit von Vorerfahrungen mit Tagebuch anzusprechen, um ganz bewußt einen Raum dafür zu öffnen, daß auch Schreck und Ablehnung sein dürfen. Damit verbindet sich eine Erläuterung der sachlichen Funktion des Tagebuchs im Kurs, Seminar, Training usw., z.B.: »Das Tagebuch soll ein Begleiter durch die ganze Fortbildung sein. Manchmal gibt es Einfälle oder Eindrücke oder auch Äußerungen von anderen, die im Augenblick wichtig sind oder auffallen. Das Tagebuch ist eine Hilfe, sie festzuhalten. Es kann auch dazu dienen, Arbeitsanleitungen zu notieren oder Ergebnisse festzuhalten.«

Die Vertraulichkeit sollte ausdrücklich zugesichert werden: »Das Tagebuch bleibt stets bei Ihnen. Es wird keine Arbeitsform geben, wo eine Veröffentlichung verlangt ist.« Die Einführung des Tagebuchs verbindet sich bereits mit einer ersten Nutzung. Die Teilnehmenden sollen also dieses Medium nicht nur entgegennehmen (und dann »wegstecken«), sondern sofort damit umgehen und auf diese Weise damit vertraut werden.

Beispiel:

In dem Fortbildungsprogramm »Planen, leiten, mitarbeiten – Grundlagen für die Arbeit mit Erwachsenen«, das gemeinsam mit Kolleginnen und Kollegen aus der Erwachsenenbildung entwickelt worden ist, wird der Einleitungsabend des ersten Wochenendseminars in folgender Sequenz aus Kleingruppenmethoden und Tagebucheinsatz gestaltet:

z.B.

Nach der Begrüßung treffen sich jeweils drei Teilnehmer/-innen in Zufallsgruppen und tauschen sich darüber aus: »Wer bin ich? Woher komme ich? Was reizt mich an diesem Kurs?« Nach 15 Minuten rücken immer zwei benachbarte Dreiergruppen zu einer Sechsergruppe zusammen (»Nachbarschaftsgruppen«/»Wachsende Gruppen«); ihr Arbeitsauftrag: »Bitte informieren Sie sich gegenseitig kurz, was Sie an diesem Kurs reizt. Notieren Sie anschließend auf dem Plakat Schwerpunkte, die für Sie gemeinsam wichtig sind.« Nach 30 Minuten wird jedes Plakat an die Wand gehängt und von einem Gruppenmitglied nochmals kurz vorgelesen und bei Bedarf erläutert. Im zweiten Teil dieses Plenums wird das Tagebuch eingeführt, ausgegeben und mit folgendem Arbeitsauftrag verbunden: »Sie haben sich nun mit anderen über diesen Kurs und über wichtige Schwerpunkte ausgetauscht. Bitte nehmen Sie sich jetzt zehn Minuten Zeit ganz für sich. Prüfen Sie und machen Sie sich einige Notizen in Ihr Tagebuch: ›Am Anfang dieses Kurses – was ist mir ganz persönlich wichtig? Worauf werde ich achten?‹«

Damit ein Tagebuch kontinuierlich der Ergebnissicherung dienen kann, sind folgende Gesichtspunkte zu beachten:

– »Zeit für sich« (= Einzelarbeit) einplanen und im Verlauf auch ermöglichen;
– zur Eintragung von vorausgewandten Einfällen (Perspektiven, Erwartungen) *und* rückwärtsgewandten Eindrücken (Resümees, Feststellung, Ertrag) anregen und im Rahmen eigener Arbeitsschritte organisieren, z.B.:

● Im Rahmen des Einstiegs:

Was reizt mich am Thema dieses Wochenendes?
Was möchte ich am Ende des Seminars genauer wissen?
Was soll sich am Ende dieses Wochenendes für mich verändert haben?
Wenn ich drei Wünsche für dieses Seminar frei hätte …
Was hat sich seit unserem letzten Treffen im Blick auf unser Thema bei mir / bei uns getan?

● Ertrag von Arbeitseinheiten:

Was ist mir wichtig geworden, was will ich mir aufschreiben?
Folgende Gedanken waren mir in dem Rundgespräch wichtig …
Was mir aufgefallen ist …

● Zwischenbilanz oder Endauswertungen:

Was war mir bis jetzt wichtig?
Was sollte unbedingt noch behandelt werden?
Was macht mich zufrieden / unzufrieden?
Was habe ich Neues entdeckt?
Woran werde ich weiterdenken / -arbeiten?
Was nehme ich als Anregung mit?
Meine nächsten Schritte im Blick auf …

(4) Weiterarbeit

Tagebuch als Medium und Tagebucheinsatz als Methode zur Ergebnissicherung sind ausgesprochen personenorientiert. Die zugesagte Vertraulichkeit (s.o.) sollte also unbedingt eingehalten werden. Wenn für eine Weiterarbeit – z.B. Auswertungsgespräch in Kleingruppen – das Tagebuch eine Rolle spielen soll, dann ist es wichtig, diese Nutzung als Handeln für sich selbst zu empfehlen, beispielsweise: »Es kann sinnvoll sein, daß Sie in dem folgenden Gespräch einen Blick in ihr Tagebuch werfen; vielleicht erinnern Sie sich dann an Situationen oder Einfälle, die jetzt wichtig sein könnten.«

Zettelprotokoll

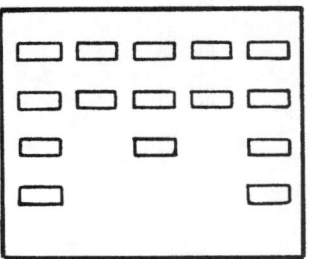

(1) Ziele

Ergebnisse der gemeinsamen Gruppenarbeit sichern; das »Wachstum« der gemeinsamen Arbeit sichtbar machen.

(2) Durchführung

a) Ablauf

Ein Gruppenmitglied notiert im Laufe des Kleingruppengeprächs aus den einzelnen Beiträgen Stichworte, und zwar jedes Stichwort auf einen einzelnen Zettel.

Nach dem Gespräch (oder nach einzelnen Gesprächsabschnitten) werden die Zettel an der Wand aufgehängt. Dieses »Sichtprotokoll« erlaubt eine schnelle Orientierung über den bisherigen Gesprächsstand. Da sich die Zettel leicht umordnen lassen, ergibt sich zudem die Möglichkeit einer nachträglichen gemeinsamen Systematisierung, die sich auch optisch darstellen läßt. Die Gruppenmitglieder können prüfen, ob sie mit den Stichworten – und das heißt mit dem Ergebnis – einverstanden sind oder ob sie nachträgliche Ergänzungen vornehmen wollen. Durch diese Prüfung und Billigung wird das Zettelprotokoll zu einem gemeinsamen Ergebnis aller.

b) Rahmenbedingungen

Für die Zettel empfiehlt sich ein Format, das breit genug ist, um ein Stichwort deutlich notieren zu können (günstig: DIN A 4 quer / in der Hälfte waagerecht durchschnitten). Jedes Stichwort wird deutlich lesbar – d.h. am besten mit dickem Filzstift – auf einen einzelnen Zettel geschrieben.

(3) Hinweise für die Leiterin/den Leiter

Dieses Verfahren vereinfacht die Moderationsmethode. Es reduziert diese sozusagen auf den Kern. Obwohl das Vorgehen sehr überschaubar ist, kommt es immer wieder vor, daß Teilnehmer/-innen mehrere Stichworte oder ganze Sätze auf einem Zettel festhalten. Das ist an sich nicht »schlimm«, geht aber in der späteren Veröffentlichung auf Kosten der Lesbarkeit und schränkt außerdem den weiteren gestaltenden Umgang ein (vgl. »Flexible Zettelwand« in 4.3). Es empfiehlt sich daher, im Rahmen der Ansage bei der Erläuterung dieser Form der Ergebnissicherung einen Musterzettel mit einem groß notierten Stichwort zu zeigen, das außerdem bereits auf den folgenden Inhalt bezogen sein kann und dann *einen* Anhaltspunkt für die Richtung möglicher Ergebnisse liefert.

Das Zettelprotokoll eignet sich außerhalb pädagogischer Zusammenhänge vor allem für Planungsprozesse (z.B. Vorbereitung einer Veranstaltung durch ein Team, Projektplanung), Fachgespräche, Sitzungen usw. Der große Vorteil liegt hier darin, daß die Veröffentlichung, Prüfung, gegebenenfalls Ergänzung und schließlich Billigung der Stichwortzettel durch alle Beteiligten zu einem gemeinsam akzeptierten Ergebnis (= gemeinsamen Protokoll) führt. Für das schriftliche Protokoll reicht es in den allermeisten Fällen völlig aus, wenn die Zettel nur noch abgenommen und *in dieser Form* abgeschrieben werden.

(4) Weiterarbeit

Die Überführung der Stichwortzettel in ein schriftliches Protokoll stellt bereits eine Form der Weiterarbeit dar. Eine andere besteht darin, daß die Zettelprotokolle mehrerer Kleingruppen im Plenum zusammengeführt werden; vgl. dazu im nächsten Kapitel die Methode »Flexible Zettelwand« unter 4.3.

Plakatmitschrift

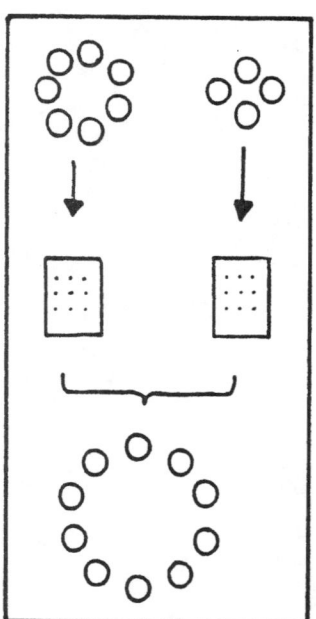

(1) Ziele

Ergebnisse der gemeinsamen Gruppenarbeit sichern; die Ergebnissicherung gemeinsam oder doch für alle gemeinsam sichtbar vornehmen.

(2) Durchführung

a) Ablauf

Die Kleingruppe erhält einen inhaltlichen Arbeitsauftrag und dazu die Anleitung: »Bitte halten Sie das, was Ihnen gemeinsam wichtig ist, auf dem Plakat fest.« oder »Formulieren Sie drei Thesen zu … und notieren Sie diese auf dem Plakat.« Dies kann begleitend zur inhaltlichen Arbeit oder im Anschluß daran als gesonderter Schritt geschehen. In beiden Fällen kann sich daran jedes Gruppenmitglied beteiligen, oder ein Gruppenmitglied schreibt sozusagen »im Auftrag« und angesichts der anderen.

b) Rahmenbedingungen

Die Plakatmitschrift braucht – ob sie nun begleitend oder im Anschluß an den inhaltlichen Arbeitsgang geschieht – Zeit. Diese Zeit ist einzuplanen. Sie kann im gesamten Zeitbudget der Kleingruppenarbeit enthalten oder aber als »zweiter Schritt« zeitlich eigens ausgewiesen sein.

(3) Hinweise für die Leiterin/den Leiter

Häufig läßt eine engagierte Arbeit am Inhalt die Zeit und mithin auch die Ergebnissicherung vergessen. Das sind die Schrecksekunden gegen Ende eines gut laufenden Kleingruppengesprächs, wenn der Ruf zurück ins Plenum ertönt: »Was schreiben wir denn jetzt?«, verbunden mit dem suchenden Blick zur benachbarten Kleingruppe, was die bereits notiert hat. Daher kann es sinnvoll sein, den Kleingruppen eine Erinnerungshilfe zu geben – sei es informell zwischendurch (ein Teammitglied geht fünf Minuten vor Ende der Kleingruppenarbeit herum: »Bitte denken Sie an Ihr Plakat.«), oder es wird in der Ansage ein Signal demonstriert, das später an die Ergebnissicherung erinnert (z.B. ein Glöckchen, ein Gong, eine Melodie), oder es wird die im Plenumsraum laufende Kleingruppenarbeit formell unterbrochen: »Bitte denken Sie nochmals an Ihr Gespräch zurück und notieren Sie jetzt auf dem Plakat einige Stichworte daraus.«, oder der schriftliche Arbeitsauftrag enthält einen ausdrücklichen Hinweis: »Nach 20 Minuten unterbrechen Sie bitte Ihr Gespräch. Halten sie dann auf dem Plakat einige Stichworte fest.« bzw. »Formulieren Sie dann gemeinsam die drei goldenen Regeln für …«

Eine *Vorstrukturierung* der Plakate z.B. durch bereits aufnotierte Überschriften oder »Kristallisationskerne« für die weitergehende Gestaltung kann die Ergebnissicherung anregen und fokussieren.

Beispiele:

In einem Seminar für Fortbildner/-innen von Lehrern und Lehrerinnen bilden sich Wahlgruppen zu folgenden beiden Arbeitsaufträgen (wobei zu jedem Auftrag mehrere Kleingruppen entstehen):
»Bitte tauschen Sie sich aus: Was ist nach unserer Erfahrung wichtig
– bei der Vorbereitung eines Referates?
– bei der Durchführung eines Referates?
Fassen Sie Ihre Überlegungen auf dem Plakat ›Empfehlungen für Referate‹ zusammen.«
»Bitte tauschen Sie sich aus: Was ist nach unserer Erfahrung wichtig beim Einsatz eines Referenten?
Fassen Sie Ihre Überlegungen auf dem Plakat ›Empfehlungen für den Einsatz von Referenten‹ zusammen.«
Jede Gruppe erhält das ihr zugehörige Plakat, auf dem die genannte Überschrift bereits notiert ist. Auf diese Weise ist der inhaltliche Fokus während der gesamten Arbeitsphase optisch präsent.

Oder: In einem Seminar über selbstorganisiertes Lernen wird eine Einheit zu »Identität und Rolle der Professionellen angesichts selbstorganisierter Initiativen und Lern-

vorgänge« durch Wahlgruppen eingeleitet, die sich zu folgenden beiden Handlungs-
feldern bilden:
– Selbstorganisation/Selbstorganisiertes Lernen
– Elemente von selbstorganisiertem Lernen in Institutionen.
Die Wahlgruppen erhalten ein Plakat, auf dem in der Mitte die stark vereinfachte
Silhouette eines Menschen aufgezeichnet ist, dazu jeweils den Arbeitsauftrag:
»Bitte identifizieren Sie sich mit einer/einem Professionellen in dem von Ihnen gewähl-
ten Handlungsfeld:
Welche Aufgaben habe ich?
Wie verstehe ich mich?
Bitte notieren Sie Ihre Einfälle als Stichworte rings um die Silhouette.«

(4) Weiterarbeit

Vgl. dazu das nächste Kapitel zu »Ergebnisse präsentieren«.

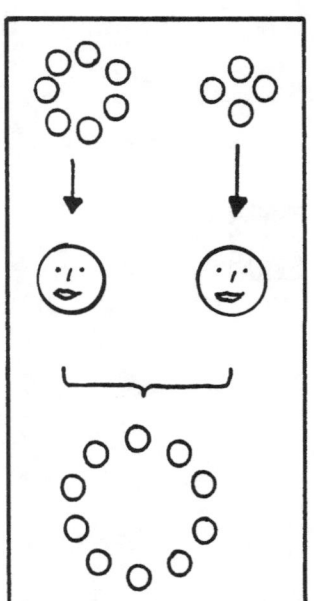

Gruppenbericht

(1) Ziele

Ergebnisse der gemeinsamen Gruppenarbeit sichern; Ergebnisse so bündeln und ordnen, daß sie außerhalb der Kleingruppe als Information über deren Arbeitsprozeß und
-inhalt dienen können.

(2) Durchführung

a) Ablauf

Die Kleingruppe erhält einen inhaltlichen Arbeitsauftrag und dazu die Anleitung:
»Bitte fassen Sie das, was Ihnen in Ihrer Arbeit wichtig war, als Bericht für ... zusam-
men.« Die Kleingruppe kann die Zusammenstellung des Berichtes an ein Mitglied
delegieren: in diesem Fall ist es sinnvoll, einen Hinweis darauf zu geben, daß der
Bericht nochmals von der gesamten Kleingruppe bestätigt wird. Oder sie verfaßt den
Bericht nach der inhaltlichen Arbeit im zweiten Schritt unter Beteiligung aller.

b) Rahmenbedingungen

Die Zusammenstellung eines Berichtes braucht Zeit. Sie ist einzuplanen. Sie kann im
gesamten Zeitbudget der Kleingruppenarbeit enthalten oder als »zweiter Schritt« zeitlich eigens ausgewiesen sein.

Ähnlich wie bei der Plakatmitschrift kann auch hier eine Erinnerungshilfe Entlastung bieten (zu den möglichen Formen vgl. zuvor bei »Plakatmitschrift«).

(3) Hinweise für die Leiterin/den Leiter

Der Gruppenbericht wird häufig unter dem Gesichtspunkt der Präsentation von Ergebnissen gesehen und eingesetzt. Hier soll darauf aufmerksam gemacht werden, daß es in sich als ein angemessenes Verfahren zur Ergebnissicherung dienen kann. Dementsprechend sind neben dem üblichen Adressat »Plenum« auch andere, sogar fiktive Empfänger denkbar, etwa das Gegenüber im beruflichen Handlungsfeld außerhalb der Veranstaltung (z.B. Lehrerkleingruppen verfassen einen »Bericht« an Eltern oder ihre Klassen oder die Direktion).

Wird der Bericht mit der Perspektive tatsächlicher Weitergabe verfaßt, ist es besonders wichtig, diese Ergebnissicherung als Aufgabe der *ganzen Gruppe* zu beschreiben und zu verwirklichen. Wird nämlich der Bericht gleich zu Anfang der Kleingruppenarbeit an ein Mitglied delegiert (womöglich noch ausgelöst durch die Anleitung »Klären Sie zu Beginn der Gruppenarbeit, wer das Gespräch leitet und wer später im Plenum berichtet.«), kann dies zu einer verhältnismäßig unverbindlichen Arbeit am Inhalt und zu einem recht zufälligen Bericht führen.

(4) Weiterarbeit

Vgl. dazu das nächste Kapitel zu »Ergebnisse präsentieren«.

Bild gestalten

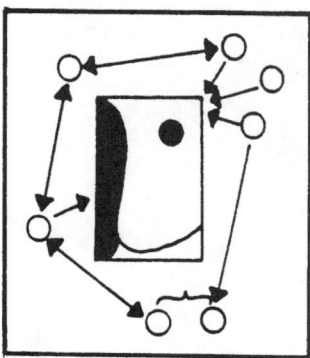

(1) Ziele

In bezug auf die Gruppe und den einzelnen:
- Einfälle entdecken und wahrnehmen, die im bloß sprachlichen Austausch nicht zum Vorschein kämen;
- schöpferische Gestaltungskräfte freisetzen;
- Kopf, Herz und Hand (Denken, Fühlen und Tun) miteinander verbinden;

in bezug auf das Thema/den Inhalt:
- ein Sachthema auf lebendige, erlebnismäßige Weise erschließen.

(2) Durchführung

a) Ablauf

Es werden Kleingruppen gebildet (möglichst nicht mehr als fünf Personen pro Gruppe). Ansage: »Das Thema lautet: … Bitte lassen Sie sich dazu Bilder, Szenen oder Symbole einfallen und versuchen Sie, einiges davon auf dem Plakat festzuhalten. Bitte benutzen Sie gemeinsam dieses große Blatt.«

b) Rahmenbedingungen

Zeit: ca. 25 Minuten fürs Malen.
Raum: Tische (wenigstens am Rand aufgestellt für diejenigen, die sich ungern auf dem Boden niederlassen).
Material: große Papierbögen in Plakatformat (möglichst Abfallplakate verwenden, jedoch darauf achten, daß die bedruckte Seite nicht allzustark auf die weiße Seite »durchschlägt«).
Verschiedenfarbige Filzstifte, Wachsmalkreiden (möglichst darauf achten, daß eine Kleingruppe Malutensilien von nur einer Sorte hat, also z.B. nur Wachsmalkreiden, weil die Leuchtkraft z.B. von Wachsmalkreiden und Filzstiften sehr unterschiedlich sein kann und Probleme für die Erkennbarkeit der Bilder auftreten können, wenn auf ein und derselben Fläche die Farben unterschiedlich kräftig verteilt sind).
Fingerfarben sind für diese Methode nicht geeignet (sie eignen sich eher für flächiges Malen, für die Gestaltung von großen Flächen, für den Ausdruck von Bewegung, Gefühl usw.).

(3) Hinweise für die Leiterin/den Leiter

Sie/er muß mit ablehnenden Reaktionen rechnen (»Ich kann nicht malen …«). Es hilft, solche Ablehnung für sich gefühlsmäßig zu akzeptieren und aus dieser Haltung heraus freundlich einzuladen, es einmal in der kleinen Gruppe zu probieren (»zumal es nicht auf perfekte Bilder ankommt«/»weder Picasso noch Rembrandt«).

(4) Weiterarbeit

Die Bilder werden nach dem Malen im Plenum aufgehängt und gemeinsam betrachtet. Achtung: Das Plenumsgespräch sollte nicht mit Berichten der Gruppen begonnen werden; die Gruppen sollen also nicht sofort erläutern, was sie sich gedacht haben, was sie ausdrücken wollten usw. Viel fruchtbarer und lebendiger ist es, bei den Reaktionen der Zuschauer anzufangen, also etwa so: »Was fällt mir auf, was spricht mich besonders an, was interessiert mich?«

Im Laufe des Gesprächs können dann diejenigen einbezogen werden, die das Bild anfertigen, z.B.: »Und was sagen nun Sie dazu? Was wollten Sie ausdrücken?« Wenn das Gespräch zu lange bei einem Bild bleibt, muß die Leitung auch die anderen »Werke« ins Gespräch bringen (»Aber wir haben ja auch noch andere Bilder.«).

Collage

(1) Ziele

In bezug auf die Gruppe und den einzelnen:
- Einfälle entdecken und wahrnehmen, die im bloß sprachlichen Austausch nicht zum Vorschein kämen;
- schöpferische Gestaltungskräfte freisetzen;
- Kopf, Herz und Hand (Denken, Fühlen und Tun) miteinander verbinden;

in bezug auf das Thema/den Inhalt:
- ein Sachthema auf lebendige, erlebnismäßige Weise erschließen.

(2) Durchführung

a) Ablauf

Es werden Kleingruppen gebildet (möglichst nicht mehr als fünf Personen pro Gruppe). Ansage: »Das Thema lautet: … Bitte suchen Sie in diesen Zeitschriften (Zeitungen, Katalogen, Prospekten, Plakaten …) Bilder oder Textzeilen, die dazu in irgendeiner Form passen. Versuchen Sie, daraus ein gemeinsames Bild zu gestalten. Bitte lassen Sie sich von dem Material einfach anregen …«

b) Rahmenbedingen

Zeit: ca. 60 Minuten (evtl. auch mehr) für die Anfertigung der Collage. Die Teilnehmer/-innen sollen genügend Zeit haben, die Materialien durchzusehen und mit Gestaltungselementen zu experimentieren.
Raum: Tische mit genügend Abstand.
Material: Zeitschriften, Zeitungen, Kataloge, Prospekte, Plakate usw., Scheren (mindestens zwei pro Arbeitsgruppe), Klebstoff, Plakate zum Aufkleben der Collagen.

(3) Hinweise für die Leiterin/den Leiter

Collagen setzen erfahrungsgemäß viel Phantasie und auch humorvolle Einfälle frei. Die Methode kann im Vergleich zu »Ein Thema bildlich gestalten« vor allem dann gewählt werden, wenn genügend Zeit zur Verfügung steht und die Gestaltungsaufgabe selber ein gewisses Gewicht hat.

(4) Weiterarbeit

Entsprechend wie bei der Methode »Bild gestalten«.

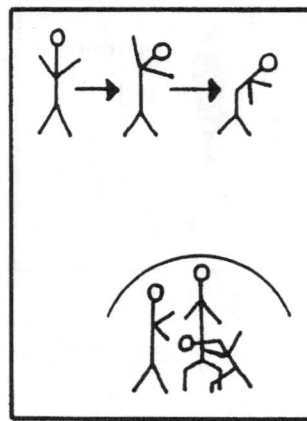

Pantomime und Lebendes Bild

(1) Ziele

Den Kern eines Problems (das Zentrum eines Inhaltes, den Höhepunkt einer Entwicklung) erfassen und darstellen; Körper, Körperhaltungen und -veränderungen als Mittel zur Erkenntnisgewinnung erfahren und nutzen.

(2) Durchführung

a) Ablauf

Die Teilnehmenden werden gebeten, sich über ein Thema auszutauschen. Die weitere Anleitung wird durch ein Beispiel aus einer Fortbildungsveranstaltung für Seminarrektorinnen und -rektoren (= Ausbilder/-innen und Anleiter/-innen für Junglehrer/-innen in der Phase zwischen erstem und zweitem Staatsexamen) dargestellt (s. u.).

b) Rahmenbedingungen

Zeit: bis zu 30 Minuten für die Gruppe; für die anschließende Darbietung und Auswertung (s. u.) je nach Bedarf mindestens 30 Minuten oder mehr.
Raum/Material: freie Darstellungsfläche in der Mitte des Raumes; möglichst Stuhlkreis.

(3) Hinweise für die Leiterin/den Leiter (insbesondere zum »Lebenden Bild«)

Das »Lebende Bild« (= »Denkmal«, »Skulptur«) hat eine bedeutsame Tradition in der (Volks-)Kunst, z.B. in Passionsspielen, und in der Familientherapie. Es bietet eine erstaunlich effektive Möglichkeit, ins Zentrum von Sachverhalten vorzudringen. Es eröffnet einen Weg, auf nicht-sprachliche, nicht-konstruierende, nicht-kognitive Weise zu gültigen Erkenntnissen zu gelangen, die genauso stimmig sind wie das, was durch Nachdenken erarbeitet wird. Dabei eröffnen Körpereinsatz und Intuition oft Einsich-

```
"Die Arbeit im Seminar:
Das Spannende, das Herausfordernde an dieser Situation ..."


Bitte lassen Sie sich hierzu Einfälle kommen.


Gestalten Sie gemeinsam ein "Lebendes Bild", d. h.:
Gruppieren Sie sich gemeinsam und bleiben Sie dann stehen (wie
ein "Denkmal" oder wie auf einem Foto); verdichten Sie durch
Ihre Haltung, durch Ihre Verbindungen usw., was Ihnen zu dem
Thema einfällt.


Noch ein Tip:
Fangen Sie möglichst rasch an, Haltungen einzunehmen und auszu-
probieren; oft erwächst aus der konkreten Haltung oder dem Ge-
füge der Personen der entscheidende Einfall.


Bitte um _____ wieder im Plenum.
```

ten, die durch ein Rundgespräch wesentlich anstrengender – wenn überhaupt – zu gewinnen wären.

Wenn eine Präsentation vorgesehen ist (vgl. Kapitel 4.2), können die Kleingruppen ihre »Lebenden Bilder« bzw. Pantomimen nacheinander darbieten. Auch wenn das scheinbar die Chancengleichheit für alle erhöht, gehen dennoch Eindrücke verloren. Deshalb empfiehlt es sich, jeweils kurze Zeit für Publikumsreaktionen einzuräumen.

Die Präsentation mit Auswertung geschieht dann in zwei Schritten.

1. Schritt: Reaktionen des Publikums: »Was sehe ich/Was sehen wir?«, »Was fällt auf?«, »Was sticht besonders hervor?«, »Welche Stationen hatte das Spiel?«, »Wenn Sie die Augen schließen: Welche Szene steht als erste vor Ihrem inneren Auge?«

2. Schritt: Ergänzungen durch die darstellende Kleingruppe (»Das, was jetzt gesagt wurde – worin finden Sie sich wieder? Was ist noch zusätzlich zu sagen?«) In diesem zweiten Schritt kann durch die Moderation zusätzlich das Selbsterleben der Darsteller/-innen erhoben werden. Das ist besonders beim »Lebenden Bild« ertragreich (»Was spürten Sie körperlich, als Sie da oben standen?«, »Wie ging es Ihnen mit dieser Haltung?«). Ganz ähnlich kann nach der »Innenseite« des Erlebens während einer Pantomime gefragt werden (»Wie war das für Sie, als Sie sich wegbewegten?«, »Wie empfanden Sie ...?«).

Der *Einsatz bei den Publikumsreaktionen* hat den Sinn, das Plenum aktiv zu beteiligen, es also nicht zum Empfänger »fertiger« Interpretationen zu machen, und den Raum für Neues offenzuhalten (vgl. auch Kapitel 4.2).

Beispiel:

z.B.

Zu der wiedergegebenen Anweisung entstand die Skulptur, die auf dem folgenden Foto zu sehen ist.

Das Plenum reagierte zunächst im Sinne von: »Natürlich, oben die Seminarrektorin!«, »Stark, so weit oben.« usw. Anschließend berichteten die Darsteller: Ja, daran haben sie selber gedacht. Aber eigentlich wollten sie etwas anderes zeigen. Oben steht die Junglehrerin/der Junglehrer, und die Seminarleiter rackern sich unten ab, stützen und tragen, wollen zu Diensten und zu Gefallen sein.

Die Rückfragen des Moderators nach dem Körper-Selbsterleben ergaben zusätzliche körperlich-gefühlsmäßige Eindrücke, wie es ist, »oben« zu sein und »herunterzuschauen« – oder unten zu knien, zu tragen, zu stemmen und nicht nachlassen zu dürfen. Daraus entwickelte sich im Plenum ein intensives Gespräch über verdeckte innere Abhängigkeiten der Seminarrektoren und -rektorinnen von den jungen Lehrkräften, für die sie zuständig sind – Abhängigkeit und Mühen, die sie oft selber schaffen, indem sie sich z.B. den Leistungsdruck auferlegen, daß die Mitglieder des eigenen Seminars im zweiten Staatsexamen möglichst gute Noten haben, mit ihnen als Leitungspersonen zufrieden sind, daß sie im Vergleich zu anderen Seminarleitern und -leiterinnen einen »guten Ruf« haben usw.

Ertragreiche Erkenntnisprozesse werden auch angestoßen, wenn das Publikum im »Lebenden Bild« oder in der Pantomime Haltungen, Verhaltensweisen und Folgereaktionen oder Konstellationen wahrnimmt, die von den Darstellenden gar nicht beabsichtigt oder ihnen nicht bewußt waren. So geschieht es immer wieder, daß mit beeindruckender Folgerichtigkeit »Lebendes Bild« und Pantomime ihre eigene Wahrheit zum Tragen bringen, d.h. gewissermaßen der konstruierenden Erkenntnis voraus sind.

(4) Weiterarbeit

Das zuvor wiedergegebene Beispiel zeigt, wie aus der Präsentation eines »Lebenden Bildes« ein thematisches Rundgespräch erwachsen kann. Ein ähnlicher Anschluß ist bei der Pantomime denkbar. Das »Lebende Bild« bietet außerdem die Möglichkeit, damit produktiv weiterzuarbeiten. So kann zwischendurch eine darbietende Gruppe gebeten werden, ihr Bild nochmals aufzustellen. Oder es werden Versuche zur Veränderung angeregt, z.B.: »Bitte probieren Sie einmal aus, an welcher Stelle eine Veränderung geschehen kann, so daß sich das Ganze verändert.« Und wenn eine veränderte Haltung in einer Stellung eingenommen wird (die wegen der systemischen Grundstruktur des »Lebenden Bildes« meist die gesamte Konstellation verändert), folgt die Rückfrage: »Wie erleben Sie sich jetzt? Wie fühlt sich diese neue Haltung an?« u.ä. Im Wechsel von Haltungen ausprobieren/wahrnehmen (von der Innenseite und vom Publikum her)/aussprechen kann ein intensiver Lernvorgang ablaufen, in welchem Tun, Erleben und Denken miteinander verwoben sind.

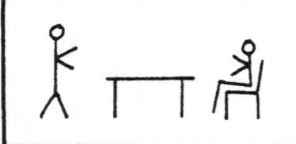

Rollenspiel

(1) Ziele

Inhalte erlebnisorientiert erschließen; Informationen und Erfahrungen durch Reden und Spielen darstellen können; sich in eine Situation und Rolle einfühlen können; sich mitteilen können; bislang unbekannte Anteile der eigenen Person bzw. bisher nicht geübte Verhaltensweisen entdecken und »ausspielen«; «Probehandeln« üben.

(2) Durchführung

a) Ablauf

Die Teilnehmenden werden gebeten, ihre Ergebnisse zum inhaltlichen Arbeitsauftrag
– in Form einer Szene darzustellen
– und die Szene zu spielen.
Eine Variationsmöglichkeit besteht darin, die Szene jeweils an eine andere Kleingruppe weiterzureichen, die auf dieser Grundlage (= »Spielanleitung«) tatsächlich spielt.

b) Rahmenbedingungen

Die Umsetzung in die Spielszene braucht eigens Zeit, die gegebenenfalls im Arbeitsauftrag gesondert zu markieren ist.

(3) Hinweise für die Leiterin/den Leiter

Generell gilt: Rollenspiele setzen gegenseitige Bekanntschaft und ein gewisses Vertrauensklima voraus; deshalb sollten sie nicht am Anfang einer Veranstaltung und keinesfalls in einer neu (und womöglich nur einmal) zusammentretenden Gruppe eingesetzt werden. Die so verursachten Frustrationen können die an sich ertragreiche Methode in Mißkredit bringen, und das wäre schade.

(4) Weiterarbeit

An die Spiele schließt sich eine Auswertung an. Sie beginnt immer mit einer Äußerungsmöglichkeit für die Spieler/innen: »Wie ist es mir mit meiner Rolle (bzw.: … im Spiel) ergangen?« Hier muß gerade dann die Möglichkeit der nachträglichen Distanzierung gegeben sein, wenn sich jemand weit – vielleicht sogar für sich selber überraschend weit und ungewohnt – exponiert hat. Erst dann folgen die Eindrücke des Publikums: »Was haben wir gesehen? Was hat das Spiel in uns ausgelöst? Was hat sich im Blick auf unser Thema ergeben?«

60

4. Ergebnisse präsentieren

4.1 Worum geht es?

Kleingruppenarbeit ist meistens Teil einer Sequenz. Häufig folgt ihr ein Plenum. Es dient dazu, Ergebnisse gegenseitig bekanntzugeben und/oder gemeinsam daran weiterzuarbeiten.

Der Übergang aus den Kleingruppen ins Plenum enthält zwei prinzipielle Schwierigkeiten:

– Die Erfahrung und Leistung einer Kleingruppe ist den Außenstehenden nur begrenzt vermittelbar. »Ergebnisse« spiegeln den eigentlich interessanten Arbeits*prozeß* unzureichend wider. Verstehbar sind sie letztlich nur für diejenigen, die sie hervorgebracht haben.
– Bei Kleingruppenarbeit ist die Materialfülle, die entsteht, oft groß. Darin besteht ja der Vorteil dieser Arbeitsform. Aber die Menge des Produzierten vermindert auch die Aufnahmechancen.

Jeder der beiden Gesichtspunkte kann für sich schon die Wahrnehmungsfähigkeit und Aufmerksamkeit rasch zum Schwinden bringen; das geschieht erst recht, wenn sich beide Aspekte gegenseitig verstärken. So ist es verständlich, daß in einem Plenum bei mehreren Kleingruppenberichten bald Langeweile entsteht, zumal dann, wenn die Ergebnisse keine eigene Struktur haben, sondern lediglich rekapituliert wird, »was in unserer Gruppe war ...«

Der Übergang ins Plenum bringt noch weitere Schwierigkeiten mit sich, die je nach Situation unterschiedlich stark ausgeprägt sein können. Für die Kleingruppen – und gerade für die, die gern und mit Zufriedenheit zusammenarbeiteten – bedeutet der Wechsel, einen überschaubaren Handlungsraum zu verlassen und sich in weiträumigere, unübersichtlichere Situationen hineinzubegeben. »Die anderen« sind weniger bekannt und vertraut. Für die einzelne Person wird in der Großgruppe die Schwelle, sich zu äußern, wieder höher. Das Plenum führt deshalb eher als die Kleingruppe zum Rückzug in sichere Verhaltensweisen, d.h.: eher abwarten als Initiative ergreifen, eher hören als reden. Fantasierte oder tatsächliche Konkurrenz anderer Kleingruppen kann zusätzliche Hemmschwellen aufbauen. Gemeinsame Aktivität ist im Plenum, d. h. in der Großgruppe weniger gut möglich als in der Kleingruppe.

All dies macht den Übergang von der Kleingruppe ins Plenum zu einem komplexen Geschehen, das nicht sich selbst überlassen werden sollte (»Dann berichten die Kleingruppen im Plenum.« »Wie?« »Das wird sich schon ergeben«). Hier ist – ganz ähnlich wie bei der *Gruppenbildung* – bewußte Entscheidung und präzises, d.h. *methodisches Handeln* nötig.

4.2 Anregungen für die Präsentation von Ergebnissen

Ein Plenum nach Kleingruppenarbeit kann verschiedene Grundaufgaben haben:

● Das Plenum als Infomarkt:

Ist das Plenum als Informationsmarktplatz angelegt, dient es dazu, Ergebnisse der Kleingruppen gegenseitig bekanntzugeben. Auch wenn dies als begrenzte Aufgabe erscheint, ist sie doch anspruchsvoll genug. Sie bedeutet bei arbeitsgleicher Kleingruppenarbeit z.B., die Ergebnisse anderer mit den eigenen zu vergleichen, Neues wahrzunehmen und gegebenenfalls als zusätzlichen Lerngewinn zu integrieren; oder, bei arbeitsteiliger Kleingruppenarbeit, die jeweils anders ausgerichteten Ergebnisse in ihrem Eigenwert und in ihrer Ergänzungsfunktion zum eigenen Ertrag zu rezipieren.

Das Problem dieser Plenumsform erwächst in starkem Maße aus den zuvor genannten prinzipiellen Schwierigkeiten, daß nämlich der Arbeitsprozeß der jeweils anderen Kleingruppen nur begrenzt nachvollziehbar und außerdem die Materialfülle groß ist (s.o.). Hinzu kommt gerade bei den Ergebnissen arbeitsgleicher Gruppen die Wiederholung von Ähnlichem.

● Das Plenum als Werkstatt:

Hier besteht die Leitvorstellung darin, daß das Plenum *vor dem Hintergrund* der vorangegangenen Kleingruppenarbeit einen neuen Ansatz zur Weiterarbeit unternimmt. Beispielsweise: Nachbarschafts-Dreiergruppen tauschen sich über ihre praktischen Erfahrungen mit Gesprächsleitung in der Erwachsenenbildung aus; im anschließenden Plenum lautet das Thema des folgenden, erarbeitenden Rundgesprächs: »Was ist vor dem Hintergrund unserer praktischen Erfahrung bei der Gesprächsleitung in Gruppen besonders zu beachten?« In diesem Modell können die Kleingruppenergebnisse kurz benannt werden (z.B.: »Hat Sie in Ihrem Gespräch etwas so beschäftigt, daß Sie es den anderen kurz mitteilen möchten?« Eventuell noch erweitert: »Das kann ein ›Aha‹ sein oder eine Frage, an der Sie hängengeblieben sind.«). Sie können aber auch völlig im Hintergrund bleiben (z.B.: »Ich bitte Sie, daß Sie die Eindrücke aus Ihrem Gespräch gewissermaßen im Hinterkopf behalten und sich nun einer nächsten Frage zuwenden.«).

Vor allem dann, wenn die Weitergabe von Ergebnissen im Mittelpunkt des Plenums steht, ist die Präsentation so zu gestalten, daß sie faßbar und anregend ausfällt. In Rückbindung an die Ergebnissicherung empfiehlt sich hier die methodische Struktur, die dort bereits genannt worden ist (vgl. 3.2), nämlich »Verdichtung« und »Zuspitzung« (»Formulieren Sie Ihr Ergebnis in Form von drei Thesen.« oder »Formulieren sie drei goldene Regeln für …« oder »Entwickeln Sie fünf Empfehlungen für …«). Für die Präsentation werden nochmals alle *gestalterischen Methoden* bedeutsam, die im Blick auf Ergebnissicherung in Abschnitt 3.3 bereits dargestellt worden sind.

Zuspitzungen, Verdichtungen und gestalterische Formen haben bei der Ergebnispräsentation den Vorteil, daß sie

– die Materialfülle verringern (es wird nicht mehr »alles berichtet«, sondern nur noch das eingebracht, was die Gruppe für wichtig hält),
– Teilhabe und Aufnahmebereitschaft fördern.

Letzteres läßt sich noch verstärken, wenn bei einem gemeinsamen inhaltlichen Arbeitsauftrag die Kleingruppen zwischen unterschiedlichen Präsentationsformen wählen können (oder diese unterschiedlichen Präsentationsformen ausgelost werden, was bei Gruppen angezeigt sein kann, wo aktive Erfahrung mit gestalterischen Methoden angestoßen werden soll).

Beispiel:

In einer Fortbildungsveranstaltung für Seminarrektoren und -rektorinnen (d.h. Lehrkräfte, die in der zweiten Ausbildungsphase für Junglehrer/-innen Anleitungs- und Ausbildungsfunktionen haben) steht eine Einheit unter dem Motto »Die Rolle der Seminarleitung«. Gemeinsames Thema der einleitenden Kleingruppenarbeit: »Die Arbeit im Seminar: Das Spannende, das Herausfordernde an dieser Situation.« Es sollen sich Kleingruppen mit jeweils nicht mehr als fünf Personen bilden. Dazu werden am Boden als Treffpunkte Arbeitsanleitungen – vergrößert auf DIN A3 – ausgelegt (damit es zahlenmäßig aufgeht, die Anleitungen für »Bild gestalten« und »Pantomime« je zweimal) (s. u.).

z.B.

Für die Moderation von Ergebnispräsentationen seien hier aus der Praxis heraus noch drei Hinweise gegeben:

● Bei gestalterischen Methoden *nicht* mit erläuterndem Bericht der produzierenden Kleingruppe, sondern mit den Reaktionen der übrigen Teilnehmer/-innen auf das Produkt (das gemalte Bild, die Pantomime usw.) beginnen.

Wenn »Bild gestalten« zur Ergebnissicherung/Präsentation gewählt worden ist, heißt das z.B.: Die produzierende Kleingruppe hängt ihr Plakat auf. Die anderen stehen (wie

```
"Die Arbeit im Seminar:
Das Spannende, das Herausfordernde an dieser Situation ..."


Bitte lassen Sie sich hierzu Einfälle kommen.

Gestalten Sie gemeinsam das Plakat mit Symbolen, Strichfiguren,
Bildern usw., die das ausdrücken, was Ihnen zu dem Thema ein-
fällt.


Noch ein Tip:
Fangen Sie möglichst rasch an, das Plakat zu gestalten. Oft er-
wächst aus Farbe und Form heraus ein wichtiger Einfall.
Und noch etwas: Gestalten Sie das Plakat im Stehen; dann ist
der ganze Mensch mehr beteiligt ...


Bitte um _____ wieder im Plenum.
```

"Die Arbeit im Seminar:
Das Spannende, das Herausfordernde an dieser Situation ..."

Bitte lassen Sie sich hierzu Einfälle kommen.

Gestalten Sie gemeinsam eine Pantomime, d. h. eine kurze Szene ohne Worte, in welcher Sie "verdichten", was Ihnen zu dem Thema einfällt.

Noch ein Tip:
Fangen Sie möglichst rasch an, Haltungen einzunehmen und auszuprobieren. Oft erwächst aus dem konkreten Bewegungsablauf ein wichtiger Einfall.

Bitte um _____ wieder im Plenum.

"Die Arbeit im Seminar:
Das Spannende, das Herausfordernde an dieser Situation ..."

Bitte lassen Sie sich hierzu Einfälle kommen.

Gestalten Sie gemeinsam ein "Lebendes Bild", d. h.:
Gruppieren Sie sich gemeinsam und bleiben Sie dann stehen (wie ein "Denkmal" oder wie auf einem Foto); verdichten Sie durch Ihre Haltung, durch Ihre Verbindungen usw., was Ihnen zu dem Thema einfällt.

Noch ein Tip:
Fangen Sie möglichst rasch an, Haltungen einzunehmen und auszuprobieren; oft erwächst aus der konkreten Haltung oder dem Gefüge der Personen der entscheidende Einfall.

Bitte um _____ wieder im Plenum.

in einer Vernissage) davor und werden gebeten zu reagieren: »Was sehe ich (was könnte es sein)? Was fällt mir auf? Was spricht mich an?« In diesen Reaktionen entwickelt sich zunächst die Sicht der Betrachter/-innen. Das braucht manchmal etwas Zeit; gelegentlich werden auch sofort Rückfragen gestellt (»Was ist …«, »Was habt ihr damit gemeint.«). In beiden Fällen gilt es, die meist rasch zur Auskunft bereiten Produzenten bzw. Produzentinnen zu bitten, noch ein wenig abzuwarten (mit der Aussicht, daß sie sich bald selber äußern können). Nach dieser Runde wird die gestaltende Kleingruppe einbezogen, und zwar so, daß sie nun *auch* auf die vorherigen Reaktionen eingehen möge, z.B.: »Wenn Sie nun bitte reagieren! Was von dem Gesagten können Sie bestätigen, was möchten Sie noch ergänzen?« Meist ist ein Großteil dessen, was die produzierende Gruppe ausdrücken wollte, in den Reaktionen tatsächlich erfaßt. Es braucht dann nur noch bestätigt zu werden. Das übrige läßt sich rasch ergänzen. Besonders interessant sind diejenigen Fälle, in denen die Betrachtenden neue Aspekte entwickeln, an welche die Gestaltenden gar nicht dachten.

In entsprechender Weise ist bei der Pantomime vorzugehen. Der Einsatz bei den Zuschauern kann z.B. so geschehen: »Was waren die Hauptstationen dieser Szene?« oder »Welche Überschrift könnten Sie dem Ganzen geben?« oder »Wenn Sie die Augen schließen: Welches Bild taucht sofort auf?« Im zweiten Teil werden – wie zuvor skizziert – die Spieler/-innen einbezogen.

Auch beim »Lebenden Bild« wird so verfahren, allerdings mit der kleinen Modifikation, daß hier die Betrachter/-innen bereits beim Anschauen und Herumgehen um die Skulptur ihre Reaktionen äußern sollten. Eine zeitliche Begrenzung dieser ersten Reaktionsrunde kann nötig werden, wenn die Kleingruppe für ihr »Lebendes Bild« Haltungen gewählt hat, die anstrengend sind und körperlich nicht allzu lange ausgehalten werden können.

Bei gestalterischen Präsentationen mit den Reaktionen des übrigen Plenums anzufangen begründet sich aus der inspirierenden Wirkung schöpferischer Produktionen und der größeren Aktivierung für alle. Würde die Kleingruppe, die ein Plakat gemalt hat, sofort erläutern, was sie meinte, oder die Kleingruppe, die eine Pantomime vorführte, sofort die Interpretation nachliefern, wäre gleich zu Beginn das letzte Wort gesprochen. Für die übrigen Plenumsmitglieder wäre nichts mehr zu tun. »Abgehakt, das nächste bitte …« – und das Plenum versänke in Passivität.

● Wenn eine Kleingruppe erkennbar ohne Ergebnis zur Präsentation ins Plenum kommt, mit *dieser* Kleingruppe beginnen.

Wenn Kleingruppen Ergebnisse präsentieren, kann es immer wieder geschehen, daß eine Kleingruppe »ohne« ins Plenum kommt: ohne Plakat, ohne Bericht, ohne gestalterisch erfaßten Ertrag. Dafür mag es gute Gründe geben, z.B. zu knappe Arbeitszeit,

66

innere Konflikte, Vorbehalte gegen den Arbeitsauftrag usw. Das Problem im Plenum besteht in der Sondersituation dieser Kleingruppe. Die spontane Neigung einer solchen Gruppe und häufig auch der Leitung geht dahin, zunächst diejenigen Kleingruppen »vorzulassen« bzw. vorzuziehen, die etwas einzubringen und darzustellen haben. So stehen diejenigen, die scheinbar »nichts« mitbringen, an letzter Stelle. Sie können dadurch in eine Rechtfertigungs- und Verteidigungshaltung geraten, um sich in der vermeintlichen Konkurrenz zu den vorangegangenen Präsentationen noch zu behaupten. Die dadurch möglicherweise ausgelöste Diskussion wird durch wenig Realität begrenzt (so stehen beispielsweise keine Präsentationen mehr an, die auch noch zum Zuge kommen müssen). Das eventuell produktive Klima vorangegangener Ergebnispräsentationen wird überschattet durch etwas, das wie ein Defizit aussieht oder zumindest so erlebt wird.

Diese Nachteile werden vermieden, wenn die Moderation als erste die Kleingruppe(n) ohne sichtbares Ergebnis einbezieht (»Ich sehe, Sie haben kein Plakat. Wenn Sie bitte ein paar Stichworte aus Ihrem Gespräch nennen.« oder »Wenn Sie kurz sagen, wie es Ihnen mit dieser Frage/diesem Thema ergangen ist.«). Die betroffene Gruppe läuft dann nicht Gefahr, in zunehmende Spannung zu geraten. Eine – gegebenenfalls ja nötige! – Erörterung des Arbeitsauftrags oder der Arbeitsweise kann durch die Realität der noch anstehenden Präsentationen zeitlich begrenzt werden (»Ich möchte jetzt gern auf die anderen Ergebnisse eingehen.«). Das Klima des Plenums kann sich von einem eher kritischen Beginn hin zum Eindruck von Produktivität entwickeln.

Hilfreich für diese Vorgehensweise ist eine Grundhaltung, die davon ausgeht, daß auch die Gruppe, die nicht in der vorgegebenen Form präsentieren kann, ein Ergebnis vorzuweisen hat – und sei es die Erfahrung einer Grenze, einer Auseinandersetzung, einer spezifischen Schwierigkeit. Dies aktuell zu formulieren macht den Betroffenen ihre Erfahrung akzeptabel und kann für alle anderen einen zusätzlichen Lerngewinn mit sich bringen.

● Dauerhafte Präsentationen möglichst die ganze Arbeitszeit über belassen.

Wenn Kleingruppen in schriftlicher Form präsentieren (Zettelprotokoll/Flexible Zettelwand, Plakatmitschrift) oder Gestaltungen einbringen (Bild, Collage), sollten diese auch die folgenden Arbeitsphasen hindurch im Plenumsraum hängen bleiben. Wenn aus technischen Gründen – z.B. weil in einer neuen Arbeitseinheit eine Projektionsfläche gebraucht wird oder neue Kleingruppenergebnisse zu präsentieren sind – die Wand freigeräumt werden muß, sollten die präsentierten Produktionen an anderer Stelle und gegebenenfalls platzsparender angebracht werden (z.B. auf Schränken oder neben Türen).

Die eingebrachten Ergebnisse können nämlich im Laufe der Zeit ihre Bedeutung verändern, können neu oder anders verstanden werden. Sie können außerdem Ansatzpunkt für Verlaufsänderungen sein. Auf symbolischer Ebene signalisieren sie den Teilnehmenden: »Das sind unsere Ergebnisse«, »Das ist unser Raum.« Schließlich drückt sich im pfleglichen Umgang der Leitung mit präsentierten Ergebnissen auch Achtung vor der Leistung anderer aus.

> Die Präsentation von Kleingruppenergebnissen dient der gegenseitigen Kenntnisnahme (Plenum als Informationsmarkt) oder der gemeinsamen Weiterarbeit (Plenum als Werkstatt). Gestalterische Formen verdichten und aktivieren. Sie fördern weitergehendes Lernen und geben die Möglichkeit zu späterer Anknüpfung, weil sie entweder gegenständlich oder als plastische Erinnerung noch vorhanden sind.

4.3 Methoden zur Präsentation

Die meisten Methoden zur Ergebnissicherung *in* Kleingruppen, die der Abschnitt 3.3 darstellt, sind von ihrer Struktur her auch für die Präsentation von Ergebnissen geeignet. Das gilt für:

- Offene Form der Ergebnissicherung,
- Zettelprotokoll,
- Plakatmitschrift,
- Bild gestalten,
- Collage,
- Pantomime und Lebendes Bild,
- Rollenspiel.

Der Gruppenbericht ist strukturell sowieso auf Präsentation hin angelegt. Deshalb wird hier nochmals ausdrücklich auf den Abschnitt 3.3 verwiesen. Außerdem werden einige weitere Verfahrensweisen genannt, die sich spezifisch auf Präsentation beziehen.

Offene Form der Präsentation

Sie ist dann gegeben, wenn »Offene Form der Ergebnissicherung« als Methode vorgegeben und die Gestaltung, die von den Kleingruppen jeweils entwickelt wird, in das anschließende Plenum einzubringen ist.

Die Darstellung und die einzelnen Hinweise entsprechen voll dem, was unter »Offene Form der Ergebnissicherung« (s. 3.3) bereits genannt ist.

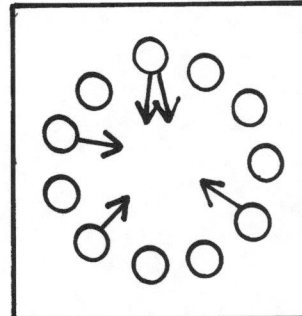

Ad-hoc-Präsentation

(1) Ziele

Ergebnisse der gemeinsamen Gruppenarbeit aus der Erinnerung und dem freien Einfall heraus benennen und anderen mitteilen; Ergebnisse persönlich auswählen und akzentuieren.

(2) Durchführung

a) Ablauf

Die Kleingruppenarbeit erhält neben dem inhaltlichen Arbeitsauftrag lediglich Hinweise zur Gruppenbildung, jedoch nicht zur Ergebnissicherung und ebensowenig zur späteren Präsentation.

Erst im anschließenden Plenum werden durch die Moderation Ergebnissicherung *und* -präsentation miteinander verknüpft.

Beispiele:

In der Schlußphase einer Fortbildungsveranstaltung gehen die teilnehmenden Mitarbeiter/-innen der Erwachsenenbildung in Dreierwahlgruppen nochmals das ganze Programm durch. Der Arbeitsauftrag bezieht sich darauf, die eingesetzten Methoden daraufhin zu überprüfen, was sie in den einzelnen Personen positiv auslösten und wo Schwierigkeiten erlebt worden sind. Das anschließende Plenum soll anhand der konkreten Erfahrung im Seminar die Wechselwirkung zwischen Zielen und Methoden deutlich machen. Es wird eingeleitet durch die Fragestellung: »Gibt es etwas, was Sie in Ihrem Gespräch besonders beschäftigt hat? Das kann eine Erkenntnis sein, die Ihnen kam, oder eine Frage, die für Sie offenblieb.« Die Moderation nimmt die erste Äußerung auf, fragt zunächst zurück, ob in anderen Kleingruppen zum selben Sachverhalt gleiche oder andere Einfälle/Eindrücke da waren, vertieft diesen Sachverhalt in einigen Takten Rundgespräch und setzt dann eine Zäsur für Neues: »Gab es sonst noch Dinge, die Sie besonders beschäftigt haben?«

b) Rahmenbedingungen

Die Ad-hoc-Präsentation setzt eine überschaubare Größe des Plenums voraus, die noch eine Gesprächssituation ermöglicht, also 25 bis max. 30 Personen.

(3) Hinweise für die Leiterin/den Leiter

Die Ad-hoc-Präsentation ist verhältnismäßig unstrukturiert. Dies kann dazu führen, daß die Gewichte zwischen den einzelnen Kleingruppen im Plenum sehr unterschiedlich verteilt sind – vor allem dann, wenn sich an rekapitulierende Statements oder Anfragen aus einer Gruppe ein längeres Rundgespräch anfügt. Deshalb muß die Gesamtsituation im Blick bleiben und gegebenenfalls die Chance eröffnet werden, daß bislang Unausgesprochenes zum Tragen bzw. die Kleingruppe, aus der noch keine Äußerung kam, zu Wort kommt, z.B.: »Was gab es in den anderen Gruppen an Einfällen?« oder »Was war für die anderen Gruppen wichtig?«

(4) Weiterarbeit

Aus den Ad-hoc-Präsentationen kann sich der inhaltliche Schwerpunkt für ein vertiefendes Rundgespräch ergeben. Oder es schließt sich die gemeinsame Arbeit an einem weiterführenden Aspekt an (vgl. in 4.2: das Plenum als Werkstatt).

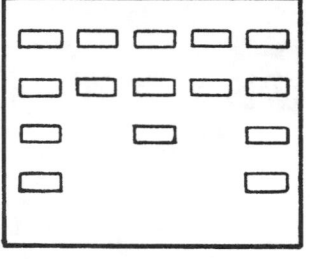

Flexible Zettelwand

(1) Ziele

Ergebnisse mehrerer Kleingruppen miteinander verbinden; das »Wachstum« der gemeinsamen Arbeit optisch sichtbar machen; als Plenum ein Gesamtergebnis erreichen und dies auch sichtbar vor sich haben.

(2) Durchführung

a) Ablauf

Die Gruppen erhalten zusätzlich zum inhaltsorientierten Arbeitsauftrag noch einen Hinweis, wie die Ergebnissicherung geschehen soll: »Bitte halten Sie einige Stichworte aus Ihrem Gespräch fest. Notieren Sie jeweils ein einzelnes Stichwort auf einen Zettel.« (Muster zeigen: Schreibmaschinen- oder Abfallpapier DIN A4, quer durchgeschnitten, möglichst groß mit einem Musterstichwort beschriftet.) »Zettel und Filzstifte gebe ich den Gruppen anschließend.«

Nach dieser Phase sollen die Kleingruppen in der folgenden Plenumsrunde ihre Zettel aufhängen. So ergibt sich für die Übertragung ins Plenum die Möglichkeit, anhand der aufgehängten Stichworte den Gesprächsgang zu erinnern und zu erläutern.

Waren Untergruppen zum *gleichen* Thema bzw. mit *gleichem* Arbeitsauftrag gebildet worden, können einzelne Stichworte und Beiträge nach einem gemeinsamen Schema geordnet werden. Eine Gruppe beginnt. Ein Gruppenmitglied liest jeden einzelnen Zettel nochmals vor und erläutert ihn kurz, falls das Stichwort nicht aus sich heraus verständlich ist. Der Leiter/die Leiterin nimmt den Zettel ab und hängt ihn mit Tesakrepp an die Wand. Inhaltlich zusammengehörige Zettel kommen untereinander. Wenn ein Stichwort ein neues Thema anspricht, wird es auf der Waagerechten daneben gehängt. Dann folgt die nächste Gruppe. Ihre Zettel werden in derselben Weise aufgehängt, dabei aber sofort ähnliche Stichworte unter die schon vorhandenen angefügt. Nun kommt die nächste Gruppe – usw., bis alle Gruppen ihre Stichwortzettel eingebracht haben. So entstehen »Spalten« oder »Zettelhaufen« mit inhaltlich verwandten Stichworten. Auf diese Weise werden durch die Häufung einzelner Zettel inhaltliche Schwerpunkte und vergleichbare Einschätzungen deutlich.

Das heißt also: Inhaltlich zusammenhängende Zettel werden untereinander gehängt, Zettel mit neuem Inhalt seitlich daneben.

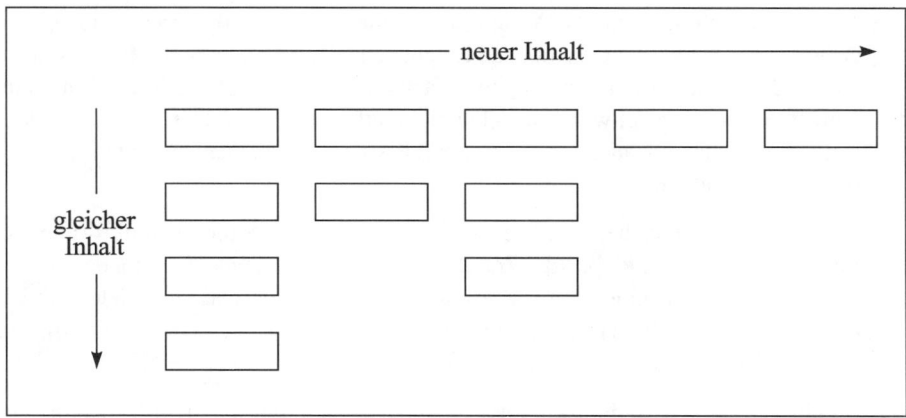

So wachsen ganz zwanglos aus den »Zettelberichten« Schwerpunkte heraus, an denen weitergearbeitet werden kann.

b) Rahmenbedingungen

Gruppengröße: Bei dieser Methode sollte die einzelne Arbeitsgruppe nicht mehr als sieben und die Gesamtgruppe nicht mehr als 35 Teilnehmende umfassen.
Zeit: Für das Erläutern und Aufhängen der Zettel sind 20 bis 40 Minuten anzusetzen.
Raum: Es wird genügend freie Wandfläche benötigt. Um die Wand nicht zu beschädigen, werden Kreppklebestreifen verwendet (keine Zellophanklebestreifen!).
Material: genügend Zettel (Format s.o. unter a)) und kräftig schreibende Filzstifte.

(3) Hinweise für die Leiterin/den Leiter

Bei dieser Methode gibt es einige kritische Punkte. So kann in den Kleingruppen ein gewisser Leistungsdruck entstehen, möglichst viele Stichworte zu notieren. Deshalb empfiehlt es sich der Hinweis: »Es kommt nicht darauf an, möglichst viele Zettel zu schreiben, sondern nur die Stichworte festzuhalten, die Ihnen gemeinsam wichtig sind.«

Beim Ankleben der Zettel kann es geschehen, daß die Gruppenvertreter/-innen oder die Arbeitsgruppen, die noch berichten werden, Stichworte aussortieren, die bereits aufgehängt worden sind (»das hängt ja schon da«). Da gerade auch die Häufung gleichartiger Stichworte ein wichtiges Ergebnis darstellt (z.B. als Hinweis auf ein zentrales Problem oder auf eine verbreitete Einschätzung), soll der Leiter/die Leiterin darum bitten, auch solche Stichworte einzubringen und zu benennen, die schon sichtbar sind.

Beim Aufhängen der Zettel kann eine Diskussion darüber entstehen, »was wohin gehört«. Dieser Versuch einer systematisch-perfekten Ordnung hat den Nachteil, daß er die noch verhältnismäßig konkreten Stichworte in immer allgemeinere Oberbegriffe auflöst – ganz abgesehen davon, daß er sehr schnell zu Frustrationen führt. Sollte eine solche Situation auftreten, ist darauf zu achten, daß zunächst nur grobe Einteilungen getroffen werden. Stichworte, die sich nicht auf Anhieb zuordnen lassen, werden gesondert aufgehängt – auch auf das (kleine) Risiko hin, daß manche Zettelspalten Doppelungen enthalten.

Ein wichtiger Faktor beim Entstehen einer Zettelwand ist die Technik: Raumaufteilung an der Wand, Ankleben der Zettel (die Zettel nicht aneinander-, sondern jeden für sich hinkleben!), Hantieren mit Klebestreifen und Papier. Das sind viele Tätigkeiten auf einmal, und deshalb ist es wichtig, daß der Leiter bzw. die Leiterin mithilft, besonders bei Teilnehmenden, die diese Methode zum ersten Mal erleben.

Im übrigen lohnt es sich, nach Variationen zu suchen, mit deren Hilfe sich die veranschaulichende Wirkung der Zettelwand noch steigern läßt. Die zu beschriftenden Zettel können selber eine Form bekommen, die geeignet ist, Einfälle anzuregen und ein Thema symbolhaft zu verdeutlichen.

Beispiel:

z.B.

In einem Seminar für Lehrkräfte zur Kleingruppendidaktik ist es das Ziel der Einstiegseinheit, positive und negative Aspekte von Gruppenarbeit herauszufinden. Nachbarschaftsgruppen à drei Personen erhalten folgende schriftlich fixierte Anleitung:
»Was ist das Schwierige, Problematische an Kleingruppenarbeit?

Was ist das Schöne, Freudvolle an Kleingruppenarbeit?
Bitte:
1. Tauschen Sie sich hierüber anhand Ihrer Erfahrungen aus.
2. Wählen Sie gemeinsam bis zu 3 Stichworte aus jedem der beiden Pole aus.
3. Notieren Sie jedes Stichwort einzeln (möglichst groß):
– zu ›das Schwierige, Problematische‹ auf einen Stein,
– zu ›das Schöne, Freudvolle‹ auf eine Blume.«
Dazu erhielten die Kleingruppen je drei Zettel in Form schematisierter »Steine« bzw.
»Blumen«:

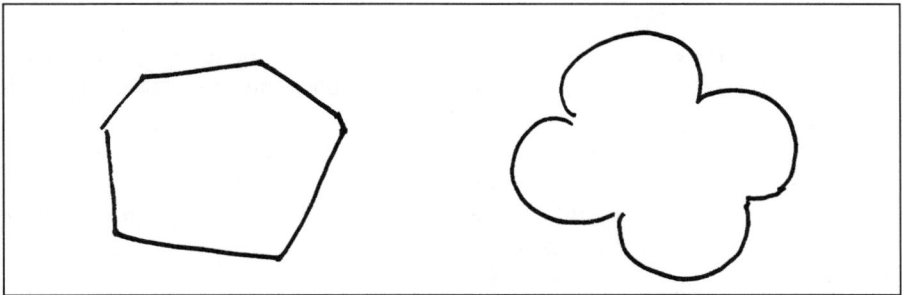

Die Steine sind aus hellrotem, die Blumen aus gelben Papier ausgeschnitten. Zur op-
tischen Unterstützung der Arbeitsanweisung wird zusätzlich in der schriftlichen An-
leitung der Satzteil »das Schwierige, Problematische« mit Leuchtstift rot und der Satz-
teil »das Schöne, Freudvolle« mit Leuchtstift gelb markiert.

Die Vorteile der Flexiblen Zettelwand (einer Vereinfachung der Moderationsmethode) gegenüber der Plakatmitschrift liegen auf mehreren Ebenen:

– Der Inhalt wird von Präsentation zu Präsentation durch das Wachsen der Zettel-
wand zunehmend erschlossen und differenziert. Zugleich bilden sich zwanglos
Schwerpunkte oder besondere Problemlagen heraus.
– Da Plakatmitschriften optisch immer getrennt bleiben, sind Schwerpunkte, syste-
matische Differenzierungen usw. weniger augenfällig – oder sie wären zu unter-
streichen, indem die einzelnen Plakate zerschnitten würden.
– Gruppengrenzen treten zunehmend in den Hintergrund. Da selbst verschiedene
Handschriften oder Filzstiftfarben an unterschiedlichen Stellen der Zettelwand auf-
treten, herrscht der Eindruck des Ganzen vor.
Ohne daß dies eigens angesprochen zu werden braucht, erlebt das Plenum faktisch:
»Das sind *wir alle*.« Von daher eignet sich die Flexible Zettelwand besonders in der
Anfangsphase einer Veranstaltung, um aus einer ersten Kleingruppenarbeit (die das
Hineinkommen erleichtert) das Wir der Gesamtgruppe aufzubauen.

Bei der Plakatmitschrift hingegen bleiben die Gruppengrenzen sichtbar und insofern auch erhalten.

– Arbeitsorganisatorisch eröffnet die Flexible Zettelwand Möglichkeiten der weiteren Verwendung, z.B.: Die Zettel können in einem Rundgespräch, das neue Erkenntnisse bringt, umsortiert oder erweitert werden. Wenn ein Themenbereich abgearbeitet ist, können die entsprechenden Zettel an einer anderen Stelle des Raumes aufgehängt werden. Einzelne »Zettelballungen« können abgenommen und in arbeitsteiligen Kleingruppen weiterbearbeitet werden.

(4) Weiterarbeit

Die vorigen Hinweise zur Arbeitsorganisation haben bereits auf Fortsetzungsmöglichkeiten verwiesen. An die Zettelwand können sich noch andere weiterführende Arbeitsgänge anschließen, z.B.:

– ein Rundgespräch (»Welche Schwerpunkte fallen uns auf?« oder »Was fehlt, was muß noch ergänzt werden?« oder »Was sagt das Ergebnis über …?«),

– ein Kurzreferat (ein Referent/eine Referentin kommentiert die einzelnen Schwerpunkte, indem er/sie unterstreicht, ergänzt, vertieft).

Mix-Gruppen

(1) Ziele

Die Ergebnisse der eigenen Kleingruppe in direkter Begegnung mit den Vertretern/Vertreterinnen anderer Kleingruppen darstellen; die Ergebnisse anderer Kleingruppen durch persönliche Vertretungen wahrnehmen.

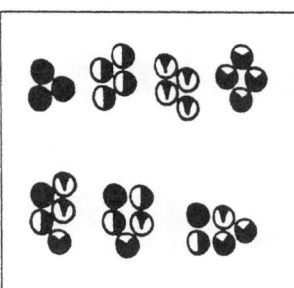

(2) Durchführung

a) Ablauf

Kleingruppen bearbeiten einen Auftrag. Im anschließenden Plenum werden neue Gruppen gebildet; in diesen neuen Gruppen soll jede vorangegangene Kleingruppe durch mindestens eine Person vertreten sein. Die Anzahl dieser »Gemischten Gruppen« richtet sich nach der Arbeitsgruppe mit der kleinsten Teilnehmerzahl.

Beispiel:

z.B.

Es gibt fünf Arbeitsgruppen, davon eine mit fünf, zwei mit sechs und zwei mit sieben Mitgliedern. Für den Austausch werden nun fünf »Gemischte Gruppen« gebildet, weil dann aus der kleinsten Arbeitsgruppe jeweils ein Mitglied in einer »Gemischten Gruppe« sein kann. Die anderen Arbeitsgruppen sind in einigen »Gemischten Gruppen« durch zwei Personen vertreten. Fragestellung für die »Mix-Gruppen«: »Was war mir in meiner Arbeitsgruppe wichtig – Was haben wir herausgearbeitet?«

b) Rahmenbedingungen

Zeit: mindestens 30 Minuten in den »Mix-Gruppen«, damit wirklich ein Austausch zustande kommt.

Raum/Material: bewegliche Bestuhlung, um die »Gemischten Gruppen« zwanglos bilden zu können.

(3) Hinweise für die Leiterin/den Leiter

Das Bauprinzip dieser Methode zur Ergebnispräsentation besteht darin, den Charakter eines Infomarktes, den ein Plenum haben kann, zu erhalten, zugleich aber die Größe dieses Marktplatzes und mithin seine Nachteile – Unübersichtlichkeit, eingeschränkte Äußerungs- und Kontaktmöglichkeiten, Rückzug in Passivität – zu vermindern. Jeder Mix-Gruppe, die alle vorherigen Kleingruppen in sich repräsentiert, ist ein Abbild der Gesamtgruppe, nur eben als neue Kleingruppe: sozusagen ein »Mini-Plenum«.

Die Struktur der Methode ist verhältnismäßig einfach und klar. Dennoch gelingt es nicht immer, sie auf Anhieb verständlich zu machen. Deshalb empfiehlt sich der Einsatz von Orientierungshilfen; am ehesten eignet sich hierfür die Vergabe je einer Farbe pro Kleingruppe (eine Kleingruppe hat einen roten Punkt auf ihrer Arbeitsanweisung, eine andere einen blauen usw.); für die »Mix-Gruppen« lautet dann die Anweisung: »Bitte achten Sie darauf, daß in der Gemischten Gruppe jede Farbe mindestens einmal und nicht mehr als … mal vertreten ist.«

(4) Weiterarbeit

Sie entfällt hier zumeist: Die Arbeit in Mix-Gruppen ist eine in sich abgeschlossene Anschlußmöglichkeit für Kleingruppenarbeit.

Aquarium

(1) Ziele

Die Ergebnisse der eigenen Kleingruppe in direktem Kontakt mit jeweils einem Mitglied der anderen Kleingruppen darstellen und gegebenenfalls gemeinsam weiterführen; verschiedene Aspekte eines Themas erkennen; sich exponieren können; den Wechsel zwischen Sicharartikulieren und Zuhören einüben.

(2) Durchführung

a) Ablauf

In ihrer Grundstruktur besteht die Methode »Aquarium« oder Innenkreis – Außenkreis darin, daß eine kleine Gruppe sozusagen stellvertretend für eine Großgruppe (also z.B. sieben Personen von insgesamt 32 Personen) ein Thema erörtert, Ergebnisse austauscht, eine Entscheidung trifft. Dabei sitzt die Kleingruppe in der Mitte des Raumes (kleiner Stuhlkreis). Die übrige Großgruppe sitzt außen herum (großer Stuhlkreis, notfalls Tischviereck) und hört dem Gespräch im Innenkreis schweigend zu. Im Fall der Ergebnisrepräsentation entsendet jede Kleingruppe ein Mitglied in den Innenkreis. Dort erfolgte die Darstellung der Ergebnisse in der Form, zu der angeleitet worden ist (z.B. als Bericht). Eine weiterführende Fragestellung kann sich anschließen (»Worauf laufen die Ergebnisse gemeinsam hinaus …« o.ä.).

Variante A
Der Innenkreis ist »geschlossen«, d.h., er besteht aus einer festen Zahl von Personen. Sie sprechen so lange miteinander, bis sie ihre Aufgabe bewältigt bzw. ihre Zeitvorgabe ausgeschöpft haben.

Variante B
Der Innenkreis ist »offen«, d.h., ein Stuhl bleibt leer. Wer aus dem Außenkreis Lust hat, sich an der Diskussion des Innenkreises zu beteiligen, kann hineingehen, seinen Beitrag sagen und dann wieder in den Außenkreis zurückkehren.

b) Rahmenbedingungen

Zahl: im Innenkreis nicht mehr als sieben, im Außenkreis max. 40 (um zu gewährleisten, daß das Gespräch im Innenkreis noch wahrgenommen werden kann).
Zeit: Das Gespräch im Innenkreis sollte eher knapp bemessen sein (ca. 15 bis 20 Minuten), damit es sich nicht »hindehnt«.

77

Raum/Material: variable Stühle und Tische, um den Innen- und Außenkreis bilden zu können.

(3) Hinweise für die Leiterin/den Leiter

Manchmal fällt es dem Innenkreis schwer, sich unter den Blicken der anderen auf das gegebene Thema einzulassen (Heiterkeit, Kichern, Deklamieren usw.) oder die Aufgabe überhaupt richtig wahrzunehmen. Das kann vor allem dann geschehen, wenn zwischen Aufgabenstellung und endgültiger Zusammensetzung des Innenkreises einige Zeit verstreicht. Deshalb sollte der Leiter/die Leiterin, wenn der Innenkreis gebildet ist, sich dazusetzen, die Themen- oder Aufgabenstellung nochmals deutlich sagen und sich dann mitsamt dem Stuhl zurückziehen (oder den Stuhl im Sinne der Variante B stehen lassen).

Gelegentlich tritt das Problem auf, daß die Mitglieder des Innenkreises für die außen Sitzenden zu leise sprechen; die Zwischenrufe »... lauter!« bzw. eine ähnliche Intervention der Leitung stören das lebendige Gespräch im Innenkreis. Es empfiehlt sich, bereits vor Beginn die Personen im Außenkreis auf diese Schwierigkeiten aufmerksam zu machen und sie zu bitten, nahe heranzurücken (bzw. dies später zu tun, falls die Lautstärke nachlassen sollte).

(4) Weiterarbeit

Der Außenkreis beobachtet das Gespräch im Innenkreis im Hinblick auf geäußerte Argumente, eventuell auch Verhaltensweisen, Gesprächsstrategien usw.; anschließend Weiterführung als Rundgespräch anhand der gesammelten Beobachtungen. Oder: Bei geeignetem Thema wird das Gespräch im Innenkreis abgebrochen und von der Gesamtgruppe weitergeführt (»Wir haben jetzt ... gehört: Was meinen wir dazu?«).

Galerie

(1) Ziele

Den übrigen Gruppenmitgliedern die Möglichkeit eröffnen, Ergebnisse aus Kleingruppenarbeit wahrzunehmen und sich je nach persönlicher Schwerpunktsetzung Zusatzinformationen zu holen; andere Arbeitsergebnisse zur Kenntnis nehmen und diese Informationsaufnahme selbst regulieren.

(2) Durchführung

a) Ablauf

Die Kleingruppen erhalten neben dem inhaltlichen Auftrag eine Anleitung zur Ergebnissicherung (z.B. Plakatmitschrift, Zettelprotokoll, Bild gestalten, Collage, Zuspitzungs- bzw. Verdichtungsaufgabe im Blick auf Thesen, Kurzstatement, Kurzkommentar usw.) und eine weitere Anleitung zur Präsentation, z.B.: »Bitte hängen Sie Ihre Plakate spätestens um 17.30 Uhr im Plenumsraum auf. Es ist dann Zeit bis zum Abendessen, die einzelnen Plakate anzuschauen und bei Bedarf gegenseitig nachzufragen.«

b) Rahmenbedingungen

Es muß ein zentraler Ort vorhanden sein (Plenumsraum, Foyer), wo die Galerie entstehen kann und wo genügend Platz ist, um sich auch als Gesamtgruppe vor den Präsentationen zu versammeln, mit Nachbarn/Nachbarinnen zu sprechen, auf andere Gruppenmitglieder zuzugehen usw.

(3) Hinweise für die Leiterin/den Leiter

Diese Form der Präsentation enthält kaum eine Struktur, die dazu anleitet, sich tatsächlich mit den Ergebnissen anderer Kleingruppen zu beschäftigen. Insofern gibt sie den persönlichen, augenblicklichen Neigungen viel Raum. Es ist Eigenaktivität und Sachinteresse nötig, um sich fremden Ergebnissen zuzuwenden und gar noch bei Mitgliedern anderer Kleingruppen ergänzende Erläuterungen einzuholen. So kann es bei dieser eher informellen Präsentation zu deutlichen Differenzierungen innerhalb der Teilnehmerschaft kommen: Während einzelne oder neue Kleingruppen die präsentierten Ergebnisse anschauen, sie zu verstehen suchen oder kommentieren, verfolgen andere eigene Themen oder ziehen sich ganz zurück. Diese Offenheit und Lockerheit kann ein bewußtes Ausgleichselement gegenüber einer – womöglich länger dauernden – intensiven Kleingruppenphase sein. Zu prüfen bleibt schon in der Planung und spätestens im Ablauf, ob die präsentierten Ergebnisse einerseits als Kleingruppenleistung genügend gewürdigt sind und andererseits in ihrem sachlichen Ertrag auch tatsächlich genutzt werden.
Eine Verstärkung von Struktur zugunsten tatsächlicher Wahrnehmung und Verarbeitung durch alle liegt darin, daß die einzelne Kleingruppe nicht nur die Galerie bestückt, sondern auch für Auskunftsmöglichkeiten sorgt, indem z.B. ein Gruppenmitglied für gewisse Zeit beim Ergebnis seiner Kleingruppe stehenbleibt, während die anderen herumwandern, um dann durch jemand Neues abgelöst zu werden.

79

(4) Weiterarbeit

Die Galerie stellt eine in sich abgeschlossene Phase dar. Nach ihr empfiehlt sich eine Pause oder ein Neuansatz der gemeinsamen Arbeit.

5. Kleingruppen vernetzen

5.1 Worum geht es?

Hier eine Kleingruppe und da alle anderen Teilnehmer/-innen – das ist die Grundstruktur der Präsentation. Allerdings zeigte sich im vorigen Abschnitt 4.3, daß einige Methoden der Präsentation dieses Gegenüber differenzieren, indem sie die Kleingruppen auf der Sachebene (Flexible Zettelwand) oder durch den aktuellen Prozeß (Mix-Gruppen) direkt miteinander verknüpfen.

Solche Vernetzung kann auch außerhalb und unabhängig von Ergebnispräsentationen vorgenommen werden. Sie zielt darauf ab, Arbeitsbeziehungen nicht nur innerhalb von Kleingruppen, sondern auch zwischen ihnen zu fördern.

5.2 Anregungen für die Vernetzung von Kleingruppen

Die leitende Idee besteht darin, die Produktivität von Kleingruppen auch gegenseitig fruchtbar zu machen und dadurch zu einem gesteigerten Erkenntnisfortschritt bei gleichbleibend hoher Aktivität aller Teilnehmer/-innen zu kommen. Zu diesem Zweck werden Kleingruppen durch einen gemeinsamen Arbeitsauftrag miteinander verbunden. Die Arbeitsweise spannt zwei bis drei (»Gruppenpartnerschaft«) oder alle Kleingruppen (»Onkel-Otto-Zettel«) zusammen.

> Vernetzung von Kleingruppen bietet eine anregende Möglichkeit, aus dem Regen des »eigenen Saftes« einer Kleingruppe herauszukommen, ohne in die Traufe eines drögen Plenums zu geraten.

5.3 Methoden zur Vernetzung

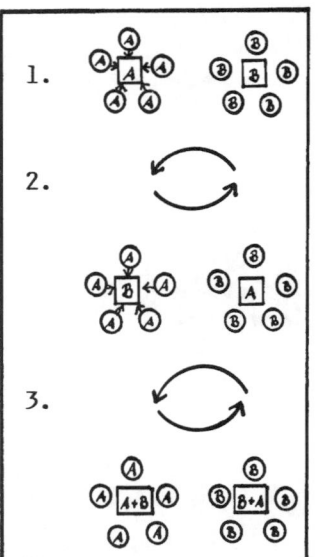

Partnergruppen

(1) Ziele

Als Kleingruppe Ergebnisse oder Aufträge anderer Kleingruppen bearbeiten; als Kleingruppe Rückmeldung von anderen Kleingruppen bekommen.

(2) Durchführung

a) Ablauf

Jeweils zwei Kleingruppen werden zusammengespannt.

1. Schritt: Sie erhalten einen Arbeitsauftrag, z.B. Fragen zu formulieren oder eine Fallbeschreibung zu erarbeiten oder eine Stellungnahme zu entwickeln.

2. Schritt: Nach einer bestimmten Zeit werden diese Ergebnisse gegenseitig ausgetauscht und mit einem weiteren Arbeitsauftrag verbunden (der vorher schon bekannt ist), z.B. auf die formulierten Fragen zu antworten oder den beschriebenen Fall zu lösen oder auf die Stellungnahme zu reagieren.

3. Schritt: Das Ergebnis des zweiten Schrittes kann an die Absendergruppe zurückgegeben und dort mit dem ersten Schritt verglichen werden. Es ist aber auch denkbar, daß nun beide Kleingruppen direkt zusammentreten und das Verhältnis des zweiten zum ersten Arbeitsergebnis überprüfen.

Beispiel:

z.B.

In einer Seminareinheit über »Schwierige Gruppensituationen« werden sechs etwa gleich große Kleingruppen gebildet (jeweils drei bis vier Personen). Die Gruppen erhalten folgende schriftliche Anleitung:

1. Schritt (9.30–11.00 Uhr):
»Berichten Sie sich gegenseitig von schwierigen Situationen, die Sie in Ihrer Arbeit mit Gruppen in letzter Zeit erlebt haben oder immer wieder erleben (Situationen, in denen einzelne Teilnehmer oder ganze Gruppen für Sie ›schwierig‹ sind, so daß das Ganze Sie belastet).
Wählen Sie gemeinsam eine dieser berichteten Situationen aus. Schildern Sie diese Situation möglichst anschaulich in einem kurzen schriftlichen Bericht. Geben Sie dabei keine Lösung an!«

2. Schritt (11.00–12.00 Uhr):
»Jeweils zwei Gruppen tauschen ihre Berichte aus.
Jede Gruppe erarbeitet nun eine Stellungnahme zu dem ihr vorgelegten Bericht. Versuchen Sie, mögliche Lösungen zu entwickeln und zu begründen. Schreiben Sie Ihre Lösungen zu dem vorgelegten Bericht hinzu.«

3. Schritt (12.00–12.30 Uhr):
»Geben Sie Situationsbericht und Lösungsideen an die ›Absendergruppe‹ zurück. Überprüfen Sie als »Empfänger«, ob Sie die Lösungsideen annehmen können und eventuell auch verändern möchten.«

b) Rahmenbedingungen

Die organisatorische Herausforderung besteht darin, zu einem zeitlichen Gleichtakt zu kommen, der die Weitergabe von Ergebnissen an die andere Kleingruppe bzw. den Empfang von Ergebnissen synchronisiert. Das ist verhältnismäßig einfach, wenn alle Kleingruppen im selben Raum bleiben (wie es bei der Methode »Onkel-Otto-Zettel« sowieso der Fall ist); hier kann ein vereinbartes Zeichen oder auch bloß informelles gegenseitiges Wahrnehmen den gemeinsamen Arbeitstakt fördern. Wenn sich aufgrund intensiver Arbeit über längere Zeit und einer Gruppengröße von fünf bis sieben Personen eigene Gruppenräume nahelegen, kommt zur exakten zeitlichen Abstimmung noch die genaue Angabe der jeweiligen Partnergruppe und ihres Raumes.

(3) Hinweise für die Leiterin/den Leiter

S. o. bei »Rahmenbedingungen«.

(4) Weiterarbeit

Partnergruppen stellen eine in sich geschlossene Sequenz dar.

Onkel-Otto-Zettel

(1) Ziele

Als Kleingruppe Einfälle produzieren; anderen Kleingruppen Anregungen geben und selber Anregungen empfangen; verschiedene Aspekte eines Themas erkennen; eigene Ideen und Einfälle wahrnehmen und äußern können; neue und eventuell ungewohnte Ideen und Einfälle zur Kenntnis nehmen.

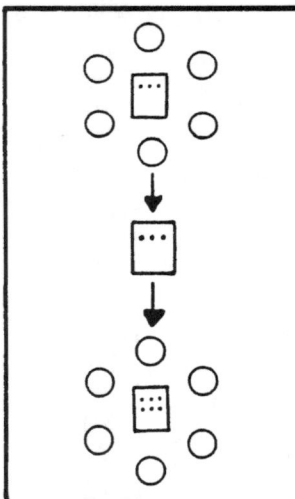

2) Durchführung

a) Ablauf

Es werden mehrere Plakate vorbereitet. Auf jedem Plakat ist ein Satz angefangen, z.B.:
– Uns hat bisher gestört, daß …
– Uns hat bisher gefallen, daß …
– Bis zum Ende (des Seminars, des Arbeitstages) erhoffen wir uns, daß …
– Wir könnten ab jetzt zum Ergebnis etwas beitragen, indem wir …

Solche angefangenen Sätze können auch inhaltsbezogen sein, z.B.:
– Am Fernsehprogramm stört uns am meisten, daß …
– Am Fernsehprogramm gefällt uns, daß …
– Wir könnten mit dem Fernsehen besser umgehen, indem wir …

Die Teilnehmenden bilden Kleingruppen (à drei bis sieben Personen), und zwar so viele Kleingruppen, wie Plakate mit unterschiedlichen angefangenen Sätzen vorhanden sind. Jede Gruppe überlegt zu ihrem angefangenen Satz eine gemeinsame Fortsetzung. Auf ein Zeichen hin gibt jede Gruppe ihr Plakat nach rechts weiter. Von links kommt ein neues Plakat mit einem neuen angefangenen Satz. Jede Gruppe überlegt nun wieder eine Ergänzung – usw., bis die Plakate durchgelaufen sind.
Möglicherweise kann es ratsam sein, daß die Kleingruppen die Satzergänzungen ihrer Vorgängergruppen nicht sehen; technisch wird dies erleichtert, indem der angefangene Satz am oberen Ende des Plakates steht, die Gruppen jedoch gebeten werden, ihre Satzergänzungen jeweils an den unteren Rand zu schreiben und dann die entsprechende Zeile nach hinten zu knicken. So bleibt der Ausgangssatz immer sichtbar und freier Raum zum Schreiben.

b) Rahmenbedingungen

Zahl: bis ca. 30.
Zeit: ca. fünf Minuten »Verweildauer« je einzelnes Plakat in einer Kleingruppe.
Raum: bewegliche Bestuhlung, um zwanglos Kleingruppen bilden zu können.
Material: Plakate, Filzstifte.

(3) Hinweise für die Leiterin/den Leiter

Die Vorgaben auf den Plakaten sollen – entsprechend dem Inhalt – bedeutsame, eventuell auch gegensätzliche Gesichtspunkte aufgreifen, z.B. in einer Fortbildungsveranstaltung für Fachlehrer/-innen: »Was spricht dafür, die Leistung von Kleingruppen zu bewerten?«, »Was spricht dagegen, die Leistung von Kleingruppen zu bewerten?«, »Welche Probleme treten auf, wenn die Leistung von Kleingruppen bewertet wird?«,

»Welche Möglichkeiten sind denkbar, die Leistung von Kleingruppen zu bewerten?«,
»Welche praktischen Versuche wurden unternommen, die Leistung von Kleingruppen
zu bewerten?«

(4) Weiterarbeit

Die Plakate können Ausgangspunkt sein für
– Diskussion/Rundgespräch (»Was spricht mich besonders an – Was fällt mir auf?«);
  Voraussetzung: genügend Zeit, um die einzelnen Plakate zur Kenntnis nehmen zu
  können;
– Arbeitsgruppen zu einzelnen Plakaten; so könnte sich in Fortsetzung des oben genannten Beispieles eine Gruppe mit den Einfällen zu »Am Fernsehprogramm stört
  mich am meisten, daß ...« befassen, eine andere mit »Am Fernsehprogramm gefällt
  mir, daß ...« usw. Allerdings sollte sich der Arbeitsauftrag für die Gruppen nicht
  darin erschöpfen, die gesammelten Einfälle zu systematisieren, sondern er sollte
  weiterführen, z.B.: »Was ergibt sich aus diesen Einfällen für unser ›Fernsehverhal-
  ten‹ in der Familie?«

6. Kleingruppenmethoden in der Anfangsphase*

6.1 Worum geht es?

?

Der Anfang in einem Kurs, Seminar usw. ist eine besonders belastete Situation. Sie wird durch den Charakter des »Neuen« und »Unbekannten« bestimmt. Für die einzelne Person ist z.B. unklar:
– Wer sind die anderen?
– Wer bin ich in dieser Gruppe/wer darf ich sein?
– Wieviel darf ich von mir zeigen, was kann ich riskieren?
– Was »gilt« hier?
– Wer hat das Sagen?

Es herrschen gegenseitige Unwissenheit und Ungewißheit. Diese Ungewißheit gilt auch hinsichtlich der Gruppe als Ganzen (»Wer sind wir?« »Was können wir?«).

Das bedeutet *einerseits*: Neues und Unbekanntes, Unwissenheit und Ungewißheit erzeugen Unsicherheit und Angst. Unsicherheit und Angst führen zu Vorsicht und Zurückhaltung (»erst mal schau'n, wie der Hase läuft«, »erst mal abwarten«, »nur nichts riskieren«). Das unangenehme Gefühl der Unsicherheit und Angst kann im Einzelfall auch bewältigt werden durch

– Rückgriff auf »Sicheres«, z.B.:
  Zeitung lesen,
  sich an Bekannte halten (z.B. zwei Personen kommen gemeinsam, oder beim Wochenendseminar stiftet das einleitende Abendessen erste Bekanntschaften);
– Zurückdrängen bzw. (in tiefenpsychologischer Begrifflichkeit) »Abwehr«, z.B.
  Projektionen (»die haben ja alle Angst hier«, »die lassen sich alles gefallen«), Introjektion/Identifikation (z.B. Identifikation mit dem Leiter/der Leiterin: »Er bzw. sie macht es gut.«, »So möchte ich auch sein.«; oder mit Gruppenmitgliedern, die in der eigenen Aufmerksamkeit voranstehen, z.B. Wortführern des Protestes oder einer »stillen Person«),

---

* Hier sei auf das vorzügliche Buch von Karlheinz A. Geißler verwiesen: Anfangssituationen – Was man tun und besser lassen sollte. Weinheim und Basel 1993/5. Aufl. (Beltz Verlag)

Rationalisierung (z.B. »erst mal Begriffe klären«, »erst mal das Programm diskutieren«),

Regression (z.B. Rückfall in Passivität und Versorgungswünsche, »erst mal abwarten«),

Konversion (körperliches Unbehagen, Herzklopfen, »Kloß im Hals«, trockener Mund, Bauchweh),

Leugnung (»macht mir gar nichts aus«),

Verkehrung ins Gegenteil (forsches Auftreten, Lärmen, lautes Lachen, vergleichbar dem lauten Pfeifen im dunklen Wald).

Zwar herrschen am Anfang Unsicherheit und Angst vor. Es gibt aber auch andere Gefühlslagen, z.B. Aggression (etwa gegen ein Gruppenmitglied oder die Leitung), Kontaktbedürfnis, spontane Sympathie. Diese werden jedoch – da offener Austausch noch nicht möglich ist – ebenfalls abgewehrt.

Da auch der Leiter/die Leiterin angesichts des Neuen und Unbekannten Unsicherheit und Angst empfinden, können bei ihm/ihr ebenfalls Abwehrmechanismen auftreten, insbesondere:

– Projektionen (in Form von Vermutungen über die Teilnehmenden; diese sind im Rahmen von Planung zwar notwendig, in der Anfangsphase aber auf ihren Projektionsanteil zu überprüfen),
– Introjektion/Identifikation (z.B. mit Bildern/Vorbildern von Leitung: »Ich bin/ich mache es wie …«),
– Rationalisierung (z.B. übergenaue Vorstrukturierung; auch hier ist zu prüfen, was als Strukturierung funktional ist und wo der Abwehranteil einsetzt),
– Regression (z.B. nichts tun, laufen lassen, Funktionen abgeben).

Andererseits: Da gerade in der Erwachsenenbildung die Situation vielfach freiwillig aufgesucht wird (persönliche Fortbildungswünsche und -interessen, Teilnahmewünsche), ist das »Neue« und »Unbekannte« auch interessant, anziehend, verlockend.

Dementsprechend gibt es gleichzeitig Gefühlslagen der Neugier, der positiven Erwartung, des Sich-einlassen-Wollens.

Der Gruppenprozeß steht also insgesamt im Zeichen der Spannung zwischen Vorsicht/Zurückhaltung auf der einen und Interesse/Arbeitsbereitschaft auf der anderen Seite.

Die einzelne Person empfindet dies als Ambivalenz zwischen Sichzurückhalten bzw. -zurückziehen und Sichannähern (»Ich will nicht.« / »Ich will.«).

Wie jedes Dilemma, so verstärkt auch dieses die Inaktivität (»erst mal abwarten«).

Die Inaktivität wiederum verstärkt die aus Unsicherheit und Angst stammende Vorsicht und Zurückhaltung.

Die Herausforderung besteht darin, Hilfen zur Bewältigung dieser nicht eben einfachen Situation anzubieten. Eine wichtige Gestaltungsmöglichkeit bietet Kleingruppenarbeit als Basismethode, gegebenenfalls gefüllt durch weitere methodische Arrangements.

6.2 Anregungen zur Gestaltung der Anfangsphase

Für den Leiter/die Leiterin ist es wichtig, die Ambivalenz und Spannung als ein natürliches Merkmal des Anfangs in einer Gruppe zu verstehen und zu akzeptieren, also nicht etwa den Teilnehmenden – auch nur bei sich selbst – zum Vorwurf zu machen (etwa in dem Sinne: »Ihr seid ganz schön lahm und unbeweglich.«).

Er/sie sollte sich aber auch nicht aufgrund ähnlicher Empfindungen in eine Haltung des Abwartens zurückziehen. Die Aufgabe besteht vielmehr darin, eine *Struktur* zu setzen, die den Teilnehmenden *Aktivität* ermöglicht (vielleicht sogar abverlangt).

Das heißt,
– Sicherheit anzubieten (z.B. schon dadurch, daß der Leiter/die Leiterin vor den Teilnehmenden im Veranstaltungsraum ist, um die Ankommenden persönlich zu begrüßen),
– Kontaktaufnahme zwischen den Teilnehmenden anzuregen,
– »Bewegung« zu fördern (äußerlich und dadurch auch innerlich),
– einen ersten Zugang zum Thema, zum Projekt, zur Aufgabe usw. ermöglichen.

Diese Aspekte sollten in der methodischen Gestaltung möglichst eng miteinander verknüpft sein. Es geht also um helfende Verfahren, in denen sich Kontaktaufnahme, gegenseitiges Kennenlernen und erste Arbeit an der Sache miteinander verbinden; und dies mit einem Anforderungsniveau, das anregt, möglicherweise sogar fordert, indem es Unbekanntes anbietet, aber eben nicht überfordert. Insofern sollen die gewählten Methoden zwar »Bewegung« ermöglichen, aber nicht zu starken Streß hervorrufen, weil dann die natürliche Anfangsangst noch mehr verstärkt wird.

Kleingruppenarbeit ist *die* Basismethode, die in der Anfangsphase Kontaktaufnahme und Kennenlernen in überschaubarem Rahmen, Bewegung und einen ersten, persönlichen Zugang zur Sache fördert. Sie sollte deshalb möglichst früh eingesetzt werden.

Für die *Gruppenbildung* empfehlen sich Zufallsgruppen, weil es leichter ist, sich z.B. von einem Puzzleteil bei der Partnersuche »leiten« zu lassen, als aufgrund eigener Entscheidung einen wildfremden Menschen zu wählen; und weil Zufallsprinzipien ein Element von Heiterkeit und Spiel einbringen, das entspannend wirkt.

Als Arbeitsauftrag empfehlen sich überschaubare Fragestellungen, auf die jede(r) eingehen kann. Dies sind insbesondere Fragen nach persönlichen Vorerfahrungen mit … (dem Thema, einem Problem) und nach dem, was an der Veranstaltung reizt und interessant erscheint, *nicht* nach dem, was erwartet wird – es sei denn, die Planung sieht tatsächlich vor, daß auf geäußerte Erwartungen zumindest teilweise eingegangen werden kann.

Ergebnissicherung und Präsentation sind in einer solchen ersten Kleingruppenarbeit eher nicht nötig.

Da angesichts der inneren Dynamik in der Anfangssituation die Aufnahme- und die Entscheidungsfähigkeit gering sind, ist Vorsicht geboten bei

– »wichtigen Informationen« gleich am Anfang
  (Unsicherheit/Angst und Ambivalenz behindern tatsächliches Aufnehmen und Verstehen),
– Entscheidungen am Anfang
  (wo Ambivalenz und Spannung ist, fallen Entscheidungen zufällig und sind Scheinentscheidungen).

Deshalb: Informationen (z.B. über Kursorganisation) und Entscheidungen (z.B. über Zeitplanung) frühestens ans Ende der ersten Einheit stellen!

Generell gilt: Der Anfang ist Modell für alles, was folgt. Was am Anfang gesetzt wird, »gilt«.

Wenn der Leiter/die Leiterin zunächst einmal lange erläutert, worum es in diesem Kurs geht, oder wenn in einem Seminar nach der Begrüßung ein »Einführungsvortrag« gehalten wird, erleben die Teilnehmer/-innen: »Hier redet der bzw. die da vorne, und ich höre zu.« Sie bleiben der Zurückhaltung verhaftet, die das Anfangsklima sowieso nahelegt, ja sinken noch weiter in Passivität. Das mag zunächst ganz angenehm sein, weil wenig riskant, kann aber bald zu Langeweile oder untergründigen Ärger führen, der seine eigenen Wege geht. Wenn nach kurzer Begrüßung sofort zu einer ersten Kleingruppenarbeit mit Zufallsprinzip (oder auch nur in Nachbarschaftsgruppen) angeleitet wird, erleben die Teilnehmer/-innen: »Hoppla, hier bin ich dran! Hier darf ich (oder auch: Hier muß ich) selber etwas tun.« Das mag zunächst ungewohnt sein und vielleicht sogar erschrecken. Aber das eigene Reden und Hören, die konkreten Eindrücke von anderen Menschen und die Erfahrung rasch verfliegender Zeit führen zu einer Grundstimmung von Aktivität, die Offenheit entstehen läßt und Neugier verstärkt.

Der Anfang ist Modell für alles, was folgt. Deshalb nimmt die Leiterin/der Leiter am Anfang die eigene Aktivität zurück und fördert die Aktivität der Teilnehmenden. Sehr geeignet hierfür ist einleitende Kleingruppenarbeit möglichst mit Zufallsgruppen und einem Arbeitsauftrag, der Person und Sache verbindet.

6.3 Methoden für die Anfangsphase

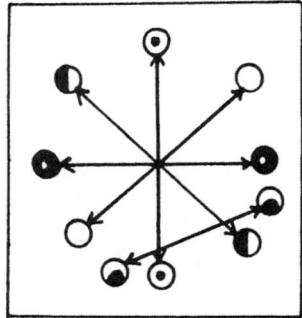

Zufallsgruppen

Zufallsgruppen (vgl. Kapitel 1.3) als Form der Gruppenbildung wurden bereits als Gestaltungs- und Bewältigungshilfe für die Anfangsphase im vorigen Abschnitt genannt und begründet. Zufallsgruppen haben den Vorteil, daß sich die Teilnehmenden zunächst nicht selbst für ein Gruppenthema oder für/gegen bestimmte Mitglieder der Gesamtgruppe entscheiden müssen.

Die erste gemeinsame Aufgabe (z.B. aus den einzelnen Puzzleteilen, die jede(r) zieht, das Ganze wieder zusammenzusetzen) ist ein kleines Stück Kooperation und ebnet den Weg, in der Gruppe zusammenzuarbeiten. Verwendet man im Verlauf der Einstiegsphase in einer Veranstaltung mehrere solcher Zufallsgruppenbildungen, so erreicht man auf spielerische Weise einen hohen Bekanntheitsgrad und kann dann zur Bildung von Wahlgruppen übergehen.

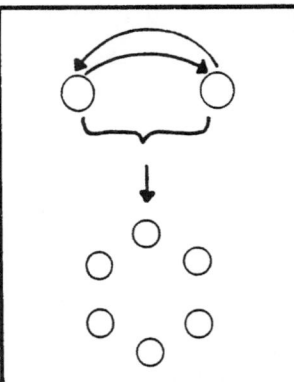

Partnerinterview

(1) Ziele

Andere/-n Teilnehmer/-in näher kennenlernen; sich selber ins Gespräch einbringen; Anfangsangst überwinden.

(2) Durchführung

a) Ablauf

Zweiergruppen mit dem Arbeitsauftrag: »Bitte tauschen Sie sich aus: Wer bin ich? Wo komme ich her? Was reizt mich am Thema dieses Seminars?« (Der letzte Satz dieses Arbeitsauftrages läßt sich je nach Gesamtthema variieren, z.B.: »Welche Vorerfahrungen mit … habe ich gemacht?«) Anschließend im Plenum: Von den Zweiergruppen stellt jeweils eine Person die andere vor: »Das ist …« / »Sie/Er kommt aus …« / »Sie/Ihn reizt am Thema dieses Seminars …«)

b) Rahmenbedingungen

Zahl: in der Gesamtgruppe nicht mehr als 20, da sonst die Runde der gegenseitigen Vorstellung im Plenum zu lange dauert.

Zeit: max. zehn Minuten für die Zweiergruppen; für die Vorstellungsrunde im Plenum kann man ca. eine Minute pro Teilnehmer/-in rechnen.

Raum: Falls für die Bildung der Zweiergruppen ein Zufallsprinzip verwendet wird (was für die Bewältigung der Anfangssituation günstiger ist), ist genügend Bewegungsraum nötig (z.B.: Stuhlkreis oder freier Raum neben einem Tischviereck).

(3) Hinweise für die Leiterin/den Leiter

Für manche Teilnehmer/-innen kann es einen kleinen Schrecken mit sich bringen, wenn sie zu Beginn des Plenums erfahren, daß sie nun ihren Partner/ihre Partnerin vorstellen sollen. Es kommen sofort Reaktionen in Gang wie: nochmals nach dem Namen fragen; andere Aussagen erinnern und austauschen usw. Wenn das passiert, ist es sinnvoll, als Leiter/-in darauf offen einzugehen, etwa so: »Das löst natürlich jetzt einen kleinen Schrecken aus, ob alles noch im Gedächtnis ist. Aber es kommt ja bei der Vorstellung nicht auf Vollständigkeit an. Geben Sie einfach wieder, was Ihnen im Augenblick noch einfällt.«

Die »Schrecksekunde« dadurch zu vermeiden, daß schon bei der Ansage der Zweiergruppen die spätere gegenseitige Vorstellung im Plenum bekanntgegeben wird, ist eher problematisch: Die Zweiergruppen führen dann nämlich kein spontanes Gespräch mehr, sondern gehen auf »Gedächtnistraining«, machen sich Notizen usw.

Manchmal haben Leiter/-innen die Befürchtung, daß bei der Anwendung dieser Methode im Plenum die Intimitätsschwelle der Kleingruppen durchbrochen wird, d.h., daß jemand nun allen anderen etwas erzählt, was nur ihm/ihr persönlich mitgeteilt worden ist; erfahrungsgemäß tritt diese Situation praktisch nicht auf. Dennoch ist eine Art Vorbeugung möglich, indem mit der Ansage der Zweiergruppen noch der Hinweis verbunden wird: »Teilen Sie einander so viel mit, wie Sie auch allen anderen hier sagen würden.«

Die Ansage der Partnervorstellung im Plenum geht am leichtesten, wenn sie nicht abstrakt erläutert werden muß, sondern von der Leiterin/von dem Leiter durch Demonstration vollzogen werden kann. D.h.: Bei ungerader Teilnehmer/-innen-Zahl empfiehlt es sich, daß der/die Leiter/-in mitmacht, weil es dann lauter Zweiergruppen gibt. In diesem Fall fängt die Zweiergruppe mit der Leiterin/dem Leiter nach folgender Erläuterung an: »In der nächsten Runde geht es darum, daß wir aus den Zweiergruppen uns gegenseitig im Plenum vorstellen. Wir beide fangen gleich mal an, und dann sehen Sie, wie das geht.« Und nun fängt die Leiterin/der Leiter an, die Partnerperson kurz vorzustellen. Falls der/die Leiter/-in in keiner Zweiergruppe ist, also die Vorgehensweise abstrakt erläutern muß, empfiehlt sich eine möglichst lebendige Schilderung: »Wenn ich jetzt in einer Zweiergruppe wäre (wendet sich einem Teilnehmer/einer Teilnehmerin zu), dann würde ich jetzt sagen: Das ist Frau …« usw.

Bei der Partnervorstellung im Plenum kann es geschehen, daß sich sehr schnell ein Kreis einschleift: Eine Zweiergruppe fängt an, die rechts davon Sitzende macht weiter usw. Solche Vorstellungen im Kreis haben den Nachteil, daß bei manchen die Angst steigt, wenn die Runde langsam auf sie zukommt. Deshalb empfiehlt es sich, eine Vorgehensweise zu fördern, bei der sich die Zweiergruppen unabhängig vom Stuhlkreis einbringen. Das kann so geschehen: Ansage bzw. Demonstration der Partnervorstellung; anschließend: »Wenn nun bitte eine Zweiergruppe anfängt (bzw. weitermacht).«

Eine Zweiergruppe vollzieht die Partnervorstellung (wobei es einige Sekunden dauern kann, bis sich eine Gruppe dazu entschließt). Leiter/-in (schaut dabei bewußt in die Runde und *nicht* auf die Gruppe, die neben der beginnenden Zweiergruppe sitzt): »Welche Gruppe möchte nun weitermachen?« Falls jetzt eine Gruppe weitermacht, die an einer anderen Stelle des Raumes sitzt, geht es erfahrungsgemäß in ungeordnetem Wechsel weiter. Wenn dennoch z.B. aufgrund spontaner Reaktionen eine Vorstellung im Kreis begonnen hat, ist es möglich, nach einer Weile zu unterbrechen: »Es wäre schön, jetzt an einer anderen Stelle fortzusetzen. Bitte machen Sie mal weiter.«

(4) Weiterarbeit

Folgende Fortsetzungsmöglichkeiten sind denkbar:
Rundgespräch, z.B. zu Gesichtspunkten, die sich im Rahmen der Partnervorstellungen im Plenum ergeben haben (z.B. aufgrund der Herkunft der Teilnehmenden), oder zu einem vorbereiteten Thema (Erläuterung der Vorgehensweise im Seminar, der inhaltlichen Vorbereitungen o.ä.).
»Wachsende Gruppe«, d.h., jeweils zwei Zweiergruppen werden zu einer Vierergruppe zusammengeschlossen und erhalten einen neuen Arbeitsauftrag (z.B. Intensivierung des Austausches über Vorerfahrungen oder Entwicklung von Einsatzmöglichkeiten für den Stoff des Kurses oder Bearbeitung eines vorgegebenen inhaltlichen Aspektes).
Auf jeden Fall sollte auf einen organischen Übergang von Partnerinterview zur anschließenden Arbeit geachtet werden. Die »Brückenfunktion« kann hierbei übernehmen:
– Arbeit an Vorerfahrungen zum Thema,
– Arbeit an erwarteten Anwendungsmöglichkeiten,
– Vertiefung eines zum Thema gehörenden inhaltlichen Aspektes.
Ein solcher organischer Übergang ist deshalb wichtig, damit ein Bruch vermieden wird, der etwa so aussehen könnte: »Jetzt haben wir uns kennengelernt, und nun kommt das Eigentliche, nämlich die Arbeit.«

Wachsende Gruppe

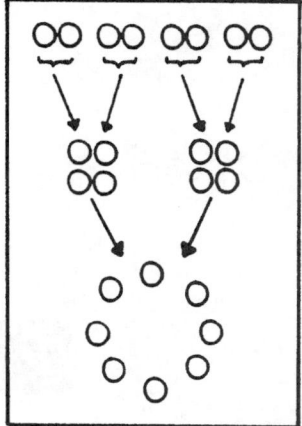

(1) Ziele

Andere Personen kennenlernen; Zugang zu einem Thema finden; sich in immer größeren Gruppen orientieren und dadurch leichter ins Plenum hineinkommen.

(2) Durchführung

a) Ablauf

Zweier- oder Dreiergruppen erhalten einen Arbeitsauftrag. Je zwei Zweier- oder Dreiergruppen tun sich zu einer Vierer- bzw. Sechsergruppe zusammen und bearbeiten ein neues Thema, das das vorausgegangene sachlich weiterführt. Von den Vierergruppen (oder Sechsergruppen) ist der Übergang ins Plenum möglich.

b) Rahmenbedingungen:

Zahl: von Zweier- zu Vierergruppen: Teilnehmerzahl sollte möglichst durch vier teilbar sein; von Dreier- zu Sechsergruppen: Teilnehmerzahl sollte möglichst durch sechs teilbar sein. Wenn diese Voraussetzung nicht gegeben ist, kann eine größere Gruppe auch eine abweichende Zusammensetzung haben, z.B.: 18 Teilnehmer = neun Zweiergruppen = drei Vierer- und eine Sechsergruppe.
Zeit: Gesprächsdauer für die Zweier-/Dreiergruppen: 10 bis 15 Minuten; für die Vierer-/Sechsergruppen: 20 bis 30 Minuten.
Raum/Material: Die Stühle sollten sich leicht bewegen lassen, damit die kleinen Gruppen rasch zusammenrücken und sich im nächsten Schritt mit einer anderen Gruppe verbinden können.

(3) Hinweise für die Leiterin/den Leiter

Ein deutliche, klare Ansage ist eine wichtige Strukturierungshilfe für dieses Vorgehen. Die erste Gruppenfindung kann durch ein Zufallsprinzip erleichtert werden.

(4) Weiterarbeit

Die »Wachsende Gruppe« ist gut geeignet, um ein Plenum aufzubauen, d.h. die Anwesenden als Gesamtgruppe zusammenwachsen zu lassen. Deshalb empfiehlt sich eine Arbeitsform, mit der die Gruppenergebnisse vor allen sichtbar werden (Zettelwand, Plakate, Bilder). Nach einem Austausch darüber im Plenum kann dieses erste Gesamtergebnis zunächst einmal stehengelassen werden und ein Neueinsatz erfolgen (z.B. mit neuer Gruppenarbeit oder mit einem Referat).

7. Kleingruppenmethoden in der Schlußphase*

7.1 Worum geht es?

Anfang und Schluß in Veranstaltungen der Erwachsenen- bzw. Weiterbildung haben eine ähnliche Grundstruktur. Beide sind »Schwellensituationen«. Wer ins Seminar *kommt*, hat hinter sich den Alltag mit Privatleben, Berufsarbeit usw. und vor sich die Veranstaltung mit all dem Neuen, das erwartet wird oder tatsächlich geschieht. Wer aus dem Seminar *geht*, hat hinter sich den Arbeits- und Lernvorgang samt allen inneren und äußeren Ereignissen und zwischenmenschlichen Begegnungen und vor sich die Rückkehr nach Hause (»Back home«), d.h. den Wiedereintritt in die alltägliche Welt.

Schwellensituationen markieren Einschnitte. Wer auf der Schwelle steht, ist »dazwischen«, schaut möglicherweise zurück – und geht dann weiter, zögernd oder entschlossen. Die Gefühlsqualitäten beider Schwellensituationen sind allerdings sehr unterschiedlich. Während den Anfang das Dilemma zwischen Neugier und Zurückhaltung bestimmt (s. Kapitel 6), kann gerade in Mehr-Tages-Veranstaltungen die faktische Trennung am Schluß Gefühlsreaktionen wie Abschiedsschmerz und Trauer mit sich bringen. Solche Gefühle können wiederum Reaktionen der Abwehr (im tiefenpsychologischen Sinne) auslösen.

Häufig auftretende Abwehrmechanismen in Schlußsituationen sind:
– Regression
   (Rückfall in frühere Phasen der Gruppenentwicklung, z.B. Wiederaufnehmen alter Konflikte oder Machtkämpfe);
– Verkehrung ins Gegenteil
   (Abwertung der bisherigen Arbeit und Gemeinschaft, z.B. »hat doch nicht viel gebracht« – denn wenn das Gewesene nicht viel wert war, läßt sich davon auch leichter Abschied nehmen);
– Verleugnung
   (die Gruppe »bewältigt« die Trennung durch Vereinbarung eines Wiedersehens).
Auch in dieser Situation können Kleingruppenmethoden hilfreich wirken.

---

* Auch hierzu gibt es ein sehr empfehlenswertes Buch von Karlheinz A. Geißler: Schlußsituationen – Die Suche nach dem guten Ende. Weinheim und Basel 1992 (Beltz Verlag)

7.2 Anregungen zur Gestaltung der Schlußphase

Wie schon in der Anfangsphase (s. Kapitel 6.2), so geht es auch hier darum, die skizzierten Schwierigkeiten als Bestandteil der gemeinsamen Situation zu akzeptieren, zumal ja die Leiterin/der Leiter bei sich selbst ganz ähnliche Empfindungen und Reaktionen wahrnehmen kann.

Dies bedeutet, Äußerungen aus der Gesamtgruppe auch dann, wenn sie der Leitung und der Veranstaltung gelten, nicht sofort auf sich selbst (d.h. auf die eigene Person als Leiter/ -in) zu beziehen, sondern gleichsam einen Schritt zurückzutreten und die Beiträge als das zu nehmen, was sie sind: Ausdruck der augenblicklichen Wirklichkeit, welche die Teilnehmenden gerade bestimmt.

Praktisch heißt das, Äußerungen der Teilnehmenden eher stehenzulassen, d.h., nicht mit »richtig« oder »falsch« zu bewerten und nicht selber ins Agieren einzutreten (»Ich wollte aber doch« oder »Das sehen Sie aber nicht richtig.«); dies wäre der gerade Weg zurück in Auseinandersetzung und Machtkampf, d.h., in eine frühere Phase der Gruppenentwicklung – und mithin ein Beitrag dazu, »daß es doch nicht zu Ende ist.«

Im Falle ausschließlich positiver Schlußbeiträge kann das auch bedeuten, daß Harmonie, Vertrautheit und Intimität aus der zurückliegenden Zeit fortgesetzt oder wiederholt werden. Dann ist es sinnvoll, bewußt den Raum für Negatives zu öffnen (z.B. »Am Ende gibt es ja auch Dinge, die man besser nicht in den Koffer packt, sondern hierläßt.«).

Die Hinweise zur inneren Dynamik und zur Vielschichtigkeit von Teilnehmer/-innen-Äußerungen am Schluß sollen allerdings nicht in Abrede stellen, daß alle diese Beiträge *auch* einen realen Anteil haben (können), sich also im Falle negativer Äußerung auf tatsächlich Kritikwürdiges beziehen oder im Falle positiver Beiträge tatsächlich Gelungenes meinen (können).

Eine zentrale Aufgabe von Leitung in der Schlußphase besteht darin, solche Differenzierung anzuregen und anzuleiten. In diesem Sinne soll Leitung helfen, daß die Teilnehmenden zum guten Schluß zwei Aufgaben bewältigen können:

- auf der Sachebene:
  (Lern-)Ergebnis und Ertrag beschreiben und einschätzen;
- auf der Prozeßebene:
  sich trennen und Abschied nehmen sowie die damit verbundenen Gefühle wahrnehmen und ausdrücken können – und dies in der ganzen Spanne von Trauer bis Erleichterung.

Die Differenzierung, die auf solche Weise bei der einzelnen Person geschieht, ist auch in der gesamten Gruppe zu fördern. Für die Leitung heißt das:

Die Gesprächsaktivität und die Reaktionen immer wieder an die Gruppe zurückgeben (z.B.

nach einer bestimmten Teilnehmeräußerung: »Wem ging es ähnlich – wem ging es anders?« oder »Wie sehen Sie es?«); darauf vertrauen, daß es in einer Gruppe nie einhellige Einschätzungen gibt; der Vielfalt Raum geben.

Kleingruppenarbeit kann diese mehrfache Differenzierungsarbeit intensivieren. Als Beispiel sei eine Sequenz genannt.

z.B.

Sequenz »Einzelarbeit/Kleingruppe/Plenum« mit einer integrierenden Aufgabenstellung:

1. Einzelarbeit (ca. 10 Minuten)
(z.B.: einen Auswertungsbogen ausfüllen, wie ihn manche Einrichtungen am Schluß einsetzen; nochmals das Programm mit einer prüfenden Fragestellung durchgehen, etwa: »Wie habe ich die einzelnen Methoden erlebt? Was haben sie in mir positiv ausgelöst, was war für mich schwierig?«)

2. Kleingruppen (Dreiergruppen/Wahl- oder Nachbarschaftsgruppen, ca. 30 Minuten)
(»Dieser Lehrgang und seine Gestaltung: Was hat uns eingeleuchtet? Was war uns problematisch? Was geht mit uns mit – als Ergebnis, als Anregung, als Frage?«)

3. Plenum (ca. 45–60 Minuten)
»Was war in den Kleingruppen gemeinsam wichtig?«

In der Schlußphase sitzen die Menschen »auf gepackten Koffern« – innerlich, oft genug aber auch äußerlich. »Die Zimmer sind bis neun Uhr zu räumen«, hatte die Verwaltung der Tagungsstätte ermahnt. Ein Mittagsschlaf ist nicht mehr möglich, die Zahnbürste schon eingepackt, das Gepäck in der Garderobe oder im Fahrzeug verstaut, eine Mitfahrgelegenheit zum Bahnhof abgesprochen. Ganz abgesehen von der zu Ende gehenden Zeit lassen all diese Realitäten den Blick zwangsläufig nach draußen gehen, dahin, wo die Menschen herkamen.

In dieser Stimmungslage ist es nicht sinnvoll, z.B. am letzten Vormittag eines Wochenseminars, nochmals ein Referat oder gar ein neues Thema anzubieten. Die Aufnahmekapazität ist erschöpft oder von anderem besetzt. Ein bloßes Zeitverbringen ist ebenfalls nicht sinnvoll, wird als leere Form durchschaut und führt zur vorzeitigen Abreise, die vielleicht höflich begründet oder grußlos vollzogen wird.

Nutzen läßt sich hingegen die innere Dynamik des »Blickes nach draußen« für Transfer, dessen innere Bewegungsrichtung dem »Back home« genau entspricht; es geht hier um Einfälle, Überlegungen und praktische Übungen zur Übertragung und Anwendung des Erarbeiteten und Gelernten im je eigenen, individuellen Handlungsfeld. Erfahrungsgemäß wird ein solcher Arbeitsgang gerade in der Schlußphase mit großer Beteiligung vollzogen, weil seine Relevanz erkennbar (»etwas für sich selber bzw. für die eigene Praxis tun«) und nachvollziehbar zu begründen ist (»die gegebene Zeit nutzen für eine Arbeit, die im Alltag rasch unter Zeitdruck gerät, und hierfür nochmals Anregungen von den anderen Teilnehmenden bekommen«).

Im übrigen stellt die Arbeit am Transfer gerade in der beruflichen bzw. handlungsfeldorientierten Fort- und Weiterbildung eine angemessene Form für eine integrierte Evaluation bereit. Auch hierfür eine Beispiel-Sequenz:

Sequenz »Einzelarbeit/Kleingruppe/Plenum« mit Betonung von Transfer:

z.B.

1. Einzelarbeit (10 Minuten)
Wir haben über ... gesprochen.
Überlegen sie sich eine konkrete Möglichkeit zur Umsetzung in ...
Notieren Sie dazu ... (z.B. einzelne Umsetzungsschritte).«

2. Dreiergruppen (45 Minuten)
»Bitte tauschen Sie sich aus und halten Sie dabei ganz streng folgende Form ein:
Person A berichtet über ihre Ideen zu ... B und C hören aufmerksam zu und lassen sich Einfälle kommen, wie ... gelingen könnte.
Dieser Durchgang dauert 15 Minuten (keinesfalls länger).
Anschließend dasselbe mit Person B.
Anschließend mit Person C.«

3. Plenum (30 Minuten)
Keinesfalls zu den Inhalten der kollegialen Beratung, sondern allenfalls zur Einschätzung dieser Form des Austausches (z.B.: »Wie ist es uns mit diesem Austausch gegangen? Was ist uns aufgefallen?«)
(Zu dieser Methode »Kollegiale Beratung« s. Kapitel 7.3)

Kleingruppenarbeit läßt sich schließlich auch zur ausdrücklichen Lernkontrolle (= Evaluation) einsetzen. Hinweise dazu finden sich ebenfalls im folgenden Abschnitt 7.3.

Für eine methodisch gestaltete Schlußphase sollte genügend Zeit vorgesehen werden. Wenn die Auswertung eher beendet ist, als erwartet wird, sollte dies angesprochen und die Zeit ausdrücklich als Möglichkeit begriffen werden, die Veranstaltung in Ruhe zu beenden: die Koffer zu packen, auf einzelne zuzugehen, sich zu verabschieden usw.

Manchmal kommen in der Auswertung bzw. Nacharbeit Fragen auf, die am Schluß einer Veranstaltung nicht mehr bewältigt werden können; hier empfiehlt es sich, dies deutlich anzusprechen.

> Zum »guten Ende« gehört es, das Lernergebnis zu beschreiben und einzuschätzen (Sachebene) und voneinander Abschied zu nehmen (Prozeßebene). Der Blick nach Hause, in den privaten und beruflichen Alltag, läßt sich für den Transfer nutzen.

!

7.3 Methoden für die Schlußphase

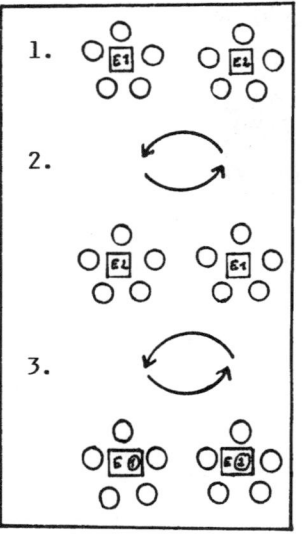

Evaluationsgruppen

(1) Ziele

Selbst eine Lernkontrolle absolvieren, indem erworbenes Wissen bzw. gewonnene Fähigkeiten und Fertigkeiten in Fragen bzw. Aufgaben für andere umgewandelt werden (= Selbstevaluation); eine Lernkontrolle von außen absolvieren, indem Fragen bzw. Antworten bearbeitet werden (= Fremdevaluation); eine partnerschaftliche Form der Lernkontrolle (= Evaluation) unter Gleichen erleben.

(2) Durchführung

a) Ablauf

Jeweils zwei Kleingruppen werden zusammengespannt.

1. Schritt: Sie erhalten den Arbeitsauftrag, aus den Inhalten, die im Seminar oder im Kurs erarbeitet worden sind, eine Aufgabenstellung für ihre Partnergruppe zu arbeiten (z.B.: »zehn Fragen zu ...«; ein Fall, für den eine Lösung zu finden ist).

2. Schritt: Nach einer bestimmten Zeit werden diese Aufgabenstellungen gegenseitig ausgetauscht und bearbeitet.

3. Schritt: Das Ergebnis wird zurückgegeben und mit der ursprünglichen Aufgabenstellung verglichen. Dieser Arbeitsgang kann auch im Rahmen einer direkten Begegnung zwischen den beiden Kleingruppen geschehen, so daß im Gespräch eine weitere Vertiefung möglich ist.

b) Rahmenbedingungen

Es ist ein zeitlicher Gleichtakt der drei Schritte zu sichern durch mündliche Anleitungen zum jeweiligen Zeitpunkt oder durch eine schriftliche Anleitung für den gesamten Ablauf. Die einzelnen Schritte können bei sehr kleinen und zahlreichen Gruppen im gemeinsamen Arbeitsraum (Plenumsraum) stattfinden. Handelt es sich um weniger Kleingruppen und um mehr Mitglieder pro Gruppe (fünf bis sieben Personen), ist die Aufteilung auf einzelne Räume zu empfehlen. Dann muß allerdings die Korrespondenz von Raum zu Raum im zweiten Schritt gesichert werden.

(3) Hinweise für die Leiterin/den Leiter

Es handelt sich um einen spezifischen Einsatz von »Partnergruppen« (s. 5.3) zum Zweck der Evaluation. Der Vorteil dieser Art von Evaluation besteht darin, daß sie mehrfach geschieht: zum ersten in der Vergegenwärtigung, Beschreibung und Wiederholung von Wissensbeständen, Fähigkeiten und Fertigkeiten, um daraus sachgemäße Aufgaben abzuleiten; zum zweiten in der Bearbeitung von gestellten Aufgaben. Da dieser Vorgang »unter Gleichen« geschieht, d.h. *von* Teilnehmenden *für* Teilnehmende gestaltet wird, ist er weitgehend frei von Aspekten einer Prüfung und hierarchischen Fremdkontrolle.

(4) Weiterarbeit

Evaluationsgruppen stellen eine in sich abgeschlossene Arbeitsphase dar.

Kollegiale Beratung

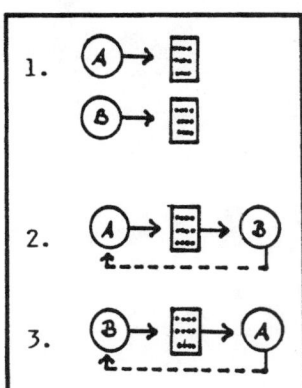

(1) Ziele

Persönliche Konsequenzen aus einem Lern- (oder Beratungs-)Vorgang formulieren; Lernertrag wahrnehmen und konkretisieren;
Übertragung (Transfer) des Gelernten in Alltag und Praxis vorbereiten und üben;
»zwischen Gleichgestellten« (= kollegial) Beratung praktizieren.

(2) Durchführung

Grundsatz: Kollegiale Beratung (gegenseitige beraterische Hilfe unter Kollegen und Kolleginnen) braucht eine Struktur, um nicht im »Problem« zu versacken. Die Struktur ist vor allem nötig, um neben dem Anfang ein eindeutiges Beenden zu ermöglichen. Wesentliche Strukturelemente sind: Vorgehensweise (möglichst einfach) und Zeit (möglichst kurz).

a) Ablauf:

1. Schritt: Einzelarbeit (10–15 Minuten):
Persönliche Einfälle zu einem »Problem«, z.B.: »Lassen Sie sich etwas einfallen, was im Zusammenhang mit … (Ihrer derzeitigen Arbeit auf der Station) für Sie offen oder unklar ist. Notieren Sie sich dazu Stichworte.« »Denken Sie an die nächste Veranstaltung, die Sie zu leiten haben. Entwickeln Sie erste Ideen für … (die Formulierung der Lernziele / einen aktivierenden Einstieg). Notieren Sie dazu Stichworte.«

2. Schritt: Kleingruppenbildung:

»Tun Sie sich immer zu zweit zusammen. Vereinbaren Sie, wer im nächsten Gesprächsgang beginnt.«	»Tun Sie sich immer zu dritt zusammen. Vereinbaren Sie, wer im nächsten Gesprächsgang beginnt.«

3. Schritt: »Gehen Sie nun folgendermaßen vor:

1. A berichtet kurz, was ihn/sie beschäftigt.	
2. B hört aufmerksam zu und klärt durch Nachfragen, um besser zu verstehen. (Keine Warum-, sondern Wie- und Was-Fragen!)	2. B und C hören aufmerksam zu und klären durch Nachfragen, um besser zu verstehen. (Keine Warum-, sondern Wie- und Was-Fragen!)
3. B läßt sich Einfälle kommen, wie die Situation weiterentwickelt werden könnte.	3. B und C lassen sich Einfälle kommen, wie die Situation weiterentwickelt werden könnte.
4. Nach 10 (oder 15) Minuten Beendigung des Gesprächs (ganz gleich, wie weit es gekommen ist!) Zeit unbedingt einhalten!	
5. Wechsel der Personen: Nun beginnt B; Abfolge (1) bis (3) wie zuvor.	
	6. Nach 15 Minuten beginnt C.«

b) Rahmenbedingungen

Die Methode ist auch in einem größeren Plenum durchführbar.

(3) Hinweise für die Leiterin/den Leiter

Die Methode verbindet in der Schlußphase persönliche Ertragssicherung (»Evaluation«) und Übertragung in Alltag / Praxis (»Transfer«). Sie erleichtert dadurch Trennung und Abschied. Sie ist aber auch in jeder anderen Phase eines Kurses und Seminars einsetzbar. Wichtig ist die Einhaltung der Struktur, d.h.: auf die Zeitbegrenzungen aufmerksam machen bzw. diese strikt einhalten.

(4) Weiterarbeit

Die Inhalte der Kollegialen Beratung sollen auf jeden Fall in den Kleingruppen bleiben. Ein anschließendes Plenum dient dazu, Erfahrungen mit der Verfahrensweise auszutauschen (»Wie habe ich diese Form der gegenseitigen Beratung erlebt ...«).

8. Kleingruppen als Teil von Sequenzen oder komplexen Methoden

8.1 Worum geht es?

Kleingruppenmethoden für sich zu betrachten ist sinnvoll, um ihre Struktur erfassen und sie präzis einsetzen zu können. Wenn das geschieht, werden zugleich Zusammenhänge deutlich. So wurde in den vorangegangenen Kapiteln bei den einzelnen beschriebenen Methoden unter »Weiterarbeit« auf Anschluß- und Fortsetzungsmöglichkeiten verwiesen. Außerdem wurden mehrfach Methodensequenzen genannt, in welchen Kleingruppenarbeit einen spezifischen Platz hat.

In diesem Sinne soll das letzte Kapitel in Teil I darauf aufmerksam machen, daß Kleingruppen immer in den übergreifenden Zusammenhang eines Seminars, eines Kurses, einer Tagung eingebunden sind und daß diese Gesamtperspektive bei der Planung und Durchführung ebenfalls zu bedenken und methodisch zu gestalten ist.

8.2 Anregungen für die Gestaltung von Arbeitssequenzen

Für die Einbindung von Kleingruppenarbeit in Sequenzen gibt es einige Grundvarianten:

a) Kleingruppe – Plenum (z.B. Hebung von Vorwissen zu einem Sachverhalt – anschließend Rundgespräch über inhaltliche Schwerpunkte oder Aufnahme von Informationen)

b) Plenum – Kleingruppen (z.B. Weitergabe von Informationen – Verknüpfung der Informationen mit den je eigenen Erfahrungen)

c) Einzelarbeit – Kleingruppe – Plenum (z.B. individuelle Arbeit an einem Text mit Fragestellungen – Austausch der Ergebnisse – Vergleich der Ergebnisse oder Vertiefung einzelner Schwerpunkte)

Die Varianten a) und b) sind auch miteinander kombinierbar (Plenum – Kleingruppe – Plenum, z.B.: Weitergabe von Informationen – Überprüfung der Informationen und Erarbeitung von Fragestellungen – Beantwortung einzelner Fragen).

Angesichts der vielfältigen Variationsmöglichkeiten werden als Anhaltspunkte für eigene Gestaltungen im folgenden einige Beispiele aus einem Seminar zum Einsatz von Kurzfilmen in der Bildungsarbeit wiedergegeben. Sie sind auf die Arbeit mit anderen Formen der Informationseingabe (Textlektüre, Referat, Expertenbefragung) übertragbar.

101

Vom Film zum Gespräch

Methodische Hinweise für den Medieneinsatz in Erwachsenengruppen

Didaktisches Modell: "Film - Gruppe - Plenum"

1. Vorführung eines Films (oder Filmteiles)   05 bis ca. 20 Min.

2. 4er-Gruppen (Nachbarschaftsgruppen):   30 Min.

   "Was macht mich an dem Film betroffen?
   Welche Fragen von mir finde ich in
   dem Film wieder?"

   Halten Sie auf dem Plakat eine Frage
   fest, die Sie gemeinsam beschäftigt.

3. Plenum:

   a) Austausch der Ergebnisse aus den   30 Min.
      4er-Gruppen anhand der Plakate

   b) Vertiefung von einem (oder zwei) Schwer-
      punkt(en)

   c) Mögliche weiterführende Frage:
      "Welche konkreten Anregungen gewinnen
      wir aus Film und Gruppengespräch für
      unsere eigene Einstellung gegenüber..."

Vom Film zum Gespräch

Methodische Hinweise für den Medieneinsatz in Erwachsenengruppen

Didaktisches Modell: "Film - Wachsende Gruppe"

1. Vorführung eines Films (oder Filmteiles)　　　　05 bis ca. 20 Min.

2. 2er-Gruppen (Nachbarschaftsgruppen):　　　　05 Min.
   "Bitte tauschen Sie sich aus:
   Welche Eindrücke sind mir gegenwärtig -
   Welche Empfindungen schwingen in mir
   noch nach?"

3. 4er-Gruppen (jeweils zwei 2er-Gruppen):

   a) bei Akzentuierung　　　b) bei Akzentuierung　　15 Min.
   　　der inhaltlichen　　　　　der gestalterischen
   　　Ebene:　　　　　　　　　　Ebene:
   　　"Welches Problem　　　　　"Wodurch wirkt
   　　(oder: Welches　　　　　　dieser Film?"
   　　Thema/welche Frage/
   　　welche Aussage...)
   　　steht im Mittelpunkt?"

4. Plenum:

   a) Austausch der Ergebnisse aus den　　　10 bis ca. 15 Min.
   　　4er-Gruppen:
   　　"Was hat sich in Ihren Gesprächen ergeben?"

   b) Vertiefung von einem (oder zwei) Schwer-　20 bis ca. 30 Min.
   　　punkt(en)

evtl.
5. Nochmalige Vorführung (oder Fortsetzung)　　05 bis ca. 20 Min.
   des Films

(J. Knoll)

Vom Film zum Gespräch

Methodische Hinweise für den Medieneinsatz in Erwachsenengruppen

Didaktisches Modell:
"Filmteil I - Gruppe/Plenum - Filmteil II - Plenum"

1. Vorführung des Filmteils I   ca. 10 Min.

2. Gruppen: ca. 30 Min.
   "Bitte überlegen Sie gemeinsam, wie dieser
   Film weitergehen und enden könnte.
   Entwickeln Sie eine Fortsetzung und einen
   Schluß und skizzieren Sie dies in Stich-
   worten auf einem Plakat."

3. Plenum: ca. 10 Min.
   Gegenseitige Information über die Ergebnisse

4. Vorführung des Filmteils II   05 bis 10 Min.

5. Plenum: ca. 30 Min.
   "Wie verhalten sich unsere Arbeitsergebnisse
   zum Film?
   Was sagt dies aus
   - über unsere Sicht des Problems,
   - über das Thema des Films?"

Vom Film zum Gespräch

Methodische Hinweise für den Medieneinsatz in Erwachsenengruppen

Didaktisches Modell: "Film - Aquarium - Plenum"

---

1. Fragestellung(en) zum Film: 05 Min.
   "Bitte beachten Sie neben dem Geschehen in dem
   Film vor allem ... (= Nennung einer Person (a))
                       ... (= Nennung einer Person (b))
                       ... (= Nennung einer Person (c))
                       ... (= Nennung einer Person (d))

   Für jede handelnde Person (a) - (d) (evtl. weniger oder mehr) gibt es genügend Zettel (je nach
   Zahl der Teilnehmer/-innen). Die Zettel werden
   als 'Lose' vor der Vorführung verteilt."

2. Vorführung eines Films   05 bis 20 Min.

3. Bildung von Gruppen anhand der anfangs ausge-   25 Min.
   losten Personen (alle (a), alle (b) usw.).
   Fragestellung für das Gruppengespräch jeweils:
   "Bitte versetzen Sie sich in die Situation
   von ... und suchen Sie Gründe für sein bzw.
   ihr Verhalten.
   Dies fällt Ihnen leichter, wenn Sie nicht 'über'
   ... sprechen, sondern in diese Rolle schlüpfen
   und per 'Ich' reden."

4. Aquarium (Innenkreis/Außenkreis):   15 Min.
   Aus jeder Gruppe eine Vertreterin/ein Vertre-
   ter im Innenkreis: .
   "Stellen Sie sich vor, Sie sind ... (= Angabe
   eines Grundes für das Treffen). Teilen Sie nun
   einander die Gründe Ihres Verhaltens bzw.
   Ihrer Reaktion mit. Gehen Sie gegenseitig
   darauf ein. Dabei brauchen Sie aus Ihrem Herzen
   keine Mördergrube zu machen..."

   Fragestellung für den Außenkreis (schriftlich
   ausgegeben):
   "Beobachten Sie das Gespräch im Innenkreis.
   Halten Sie aus den Beiträgen Gesichtspunkte
   fest, die bedeutsam sind für das Thema..."

5. Plenum (Fortsetzung des Gespräches):   30 Min.
   "Welche Probleme und welche Lösungsversuche
   haben wir wahrgenommen: als ... im Innenkreis
   oder als Beobachter im Außenkreis?

!

Kleingruppenmethoden stehen nicht allein. Sie folgen auf etwas und haben ihrerseits eine nachfolgende Phase. Diesen Zusammenhang – einschließlich der Koppelungsstellen – zu gestalten ist eine reizvolle methodische Aufgabe. Komplexe Methoden lösen dies, indem sie die Kleingruppe mit einer spezifischen Funktion einbeziehen.

8.3 Komplexe Methoden

In diesem Abschnitt werden einige komplexe Methoden genannt, die in sich Kleingruppenarbeit als wesentlichen Bestandteil umfassen.

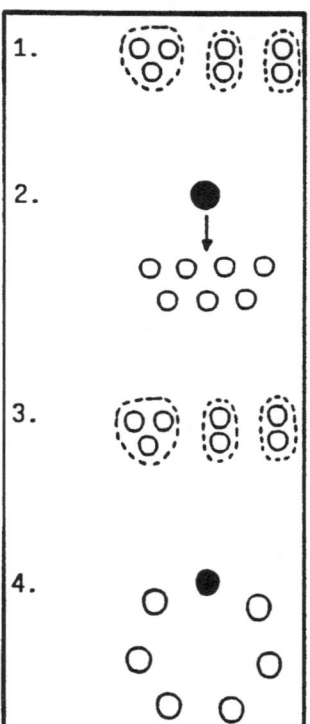

Sandwichmethode

(1) Ziele

Eigene Vorkenntnisse, Erfahrungen und Fragen zu einem Inhalt wahrnehmen und artikulieren; Informationen aufnehmen und mit den eigenen Vorkenntnissen usw. verknüpfen: Informationen überprüfen und in die eigene inhaltliche Arbeit integrieren.

(2) Durchführung

a) Ablauf

Die Sandwichmethode umfaßt
– eine einleitende Gesprächsrunde in Kleingruppen,
– ein Kurzreferat,
– eine zweite Gesprächsrunde in Kleingruppen.
Als vierter Schritt folgt ein abschließendes Plenum.

Das Vorgehen im einzelnen:
1. Zu Beginn der Veranstaltung werden das Gesamtthema und die Methode erläutert.
2. Anschließend werden Kleingruppen (Nachbarschaftsgruppen) gebildet. Sie beschäftigen sich entweder arbeitsgleich mit derselben Frage oder arbeitsteilig mit verschiedenen Fragen.
3. Die Gruppen arbeiten zu ihrer Frage und halten die Ergebnisse für sich fest.
4. Nun folgt ein Kurzreferat, in dem das Gesamtthema unter fachlichen oder systematischen Gesichtspunkten behandelt wird.
5. Die Gruppen treten erneut zusammen; sie vergleichen ihre eigenen Überlegungen

mit den Aussagen des Kurzreferats und entwickeln ihr Arbeitsergebnis weiter (Überprüfung, Änderung, Abrundung, Vertiefung).

6. Im Plenum werden diese weiterentwickelten Arbeitsergebnisse ausgetauscht und mit Blick auf das Gesamtthema vertieft.

b) Rahmenbedingungen

Zahl: bis ca. 45 Personen; in einer kleinen Teilnehmergruppe (ca. 16 Personen) lassen sich die Phasen (5.) und (6.) auch gemeinsam durchführen.
Zeit: Gesprächsphase (3.): ca. 15 Min.
Kurzreferat (4.): ca. 20 Min.
Gesprächsphase (5.): ca. 15. Min.
Plenum (6.): ca. 30 Min.
Raum: Bei genügend großer Teilnehmerzahl (also 45 Personen mit fünf bis sechs Arbeitsgruppen) können sämtliche Phasen durchaus in einem Raum stattfinden. Der entstehende Geräuschpegel ermöglicht es den einzelnen Gruppen, sich auf das eigene Gespräch zu konzentrieren. Je kleiner die Gesamtzahl der Teilnehmer ist, desto eher hört man Äußerungen von Nachbargruppen und desto größer ist die Ablenkung; in diesem Fall müßten für die Gruppen verschiedene Räume vorgesehen werden. Der mehrfache Raumwechsel ist allerdings recht »unorganisch« und bedeutet jeweils eine massive, eventuell sogar unangenehme Unterbrechung des Gesprächs.
Material: Die Fragestellungen für die Gruppen sollten entweder sichtbar gemacht oder diesen zusätzlich zur Ansage schriftlich gegeben werden.

(3) Hinweise für die Leiterin/den Leiter

Der Abbruch von Gesprächsphasen ist im Interesse der gemeinsamen Arbeitsfähigkeit und mit Blick auf die insgesamt begrenzte Zeit nötig – aber auch unangenehm. Die Leiterin/der Leiter kann dies am eigenen Leibe spüren, etwa wenn es schwerfällt, die entsprechende Ansage zu machen. In dieser Situation kann es helfen, den unangenehmen Aspekt der Unterbrechung anzusprechen und zugleich darauf hinzuweisen, daß der nächste Schritt nun nötig ist, um insgesamt weiterzukommen.

(4) Weiterarbeit

Die Sandwichmethode schließt bereits Methodenwechsel ein. Sie kann eine ganze Arbeitseinheit ausfüllen.

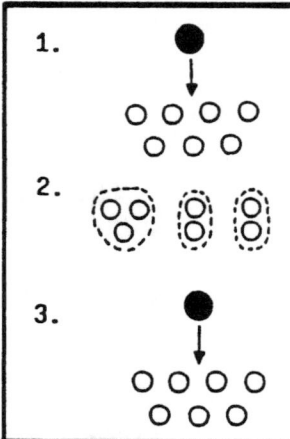

Impulsreferat

(1) Ziele

Begrenzte und übersichtlich strukturierte Informationen aufnehmen; Anregungen zum eigenen Nachdenken und zum Gespräch gewinnen; Aktivität entwickeln zur Erarbeitung eines Inhaltes; eigene Fragen und bereits vorhandene Kenntnisse einbringen können.

(2) Durchführung

a) Ablauf

Ein Inhalt bzw. Gesamtthema wird – entsprechend der Sachstruktur – in 3 bis 4 Teilbereiche gegliedert. Jeder Teilbereich entspricht einem Referatsabschnitt.

1. Zu Beginn der Veranstaltung werden die Gliederung des Gesamtthemas und die Methode erläutert.
2. Anschließend trägt der Referent/die Referentin den ersten Abschnitt des Referats vor (fünf bis max. zehn Minuten).
3. Es wird unterbrochen. Die Teilnehmenden werden gebeten, sich in Kleingruppen (Nachbarschaftsgruppen) auszutauschen. Dieses Gespräch sollte durch eine gezielte Fragestellung erleichtert werden, z.B. »Wie verhält sich das, was wir eben hörten, zu unserer bisherigen Arbeit (zu unseren eigenen Erfahrungen)?« Oder: »Welche Konsequenzen ergeben sich aus dem, was wir bisher hörten, für …?«
4. Der Referent/die Referentin setzt nach ca. zehn Minuten das Referat fort, ohne auf die Gruppen Bezug zu nehmen. Oder: Der Referent/die Referentin geht sofort auf Fragen ein, die nun auftauchen, und setzt dann das Referat fort. Eine helfende Fragestellung kann sein: »Hat sich etwas ergeben, das Sie sofort klären möchten?« Die beiden Möglichkeiten können je nach Lage eingesetzt werden (auch abwechselnd).

b) Rahmenbedingungen

Zahl: bis ca. 50.
Zeit: Referatsteile je 5 bis 10 Minuten, Gesprächsteile 10 bis 15 Minuten.
Raum: beliebig (sogar bei Stuhlreihen möglich).
Material: Es empfiehlt sich, die zum Gespräch überleitenden Fragestellungen sichtbar zu machen (z.B. durch vorbereitete Tafelanschrift oder vorbereitete Plakate, die zum gegebenen Zeitpunkt aufgehängt werden).

(3) Hinweise für die Leiterin/den Leiter

Bei zwischengeschalteter Kleingruppenarbeit ist häufig nicht überprüfbar, ob die Gespräche sich im Rahmen der gegebenen Impulse entwickeln. Dabei ist eine Weiterentwicklung des Gesprächs in unbeabsichtigte Richtungen weniger schlimm als das Versacken einer Kleingruppe in Lustlosigkeit oder Schweigen (weil z.B. die einzelnen Teilnehmer völlig verschiedene Erfahrungshintergründe haben oder sich ganz einfach nicht leiden können). Eine an das Ende der Kleingruppenarbeit gesetzte gemeinsame Fragestellung (»Hat sich etwas ergeben, was Sie sofort klären möchten?«) kann hier zwar entlastend wirken, aber möglicherweise den Zeitplan des Impulsreferates gefährden.

Im übrigen ist ohne aktivierende Arbeitsformen (wie etwa die eingefügte Gruppenarbeit) erst recht nicht zu überprüfen, was an innerer Beteiligung und tatsächlicher Verarbeitung geschieht.

(4) Weiterarbeit

Das Impulsreferat schließt bereits Methodenwechsel ein. Es kann eine ganze Arbeitseinheit ausfüllen.

Pro und Kontra

(1) Ziele

In einem Thema enthaltene Aspekte erschließen; Konzentrations- und Formulierungsfähigkeit entwickeln; sich in andere Argumente hineinversetzen können; aktiv werden.

(2) Durchführung

a) Ablauf

Diese Methode kann vor allem bei Inhalten eingesetzt werden, die in sich spannungsreich oder konfliktgeladen sind, z.B. »Pro und kontra Wehrdienstverweigerung«, »… Euthanasie«, »… Wehrdienst für Frauen« oder »Ist es in dieser Welt sinnvoll, Kinder zu bekommen?«, »Soll der Staat die Angebote der Erwachsenenbildung inhaltlich regeln?«

Die einzelnen Schritte der Methode:

1. Deutliche Ansage des Themas (eventuell auch anschreiben).
2. Die Gesamtgruppe in zwei Parteien teilen: eine »pro« und eine »kontra«.

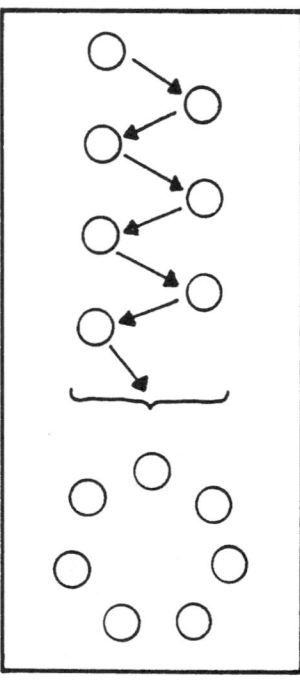

3. Jede Gruppe denkt sich eine kurze Zeit in ihre »Pro-« oder »Kontra-Sicht« des Themas ein.

4. Anschließend nehmen die Mitglieder der beiden Gruppen abwechselnd aus je ihrer Sicht Stellung (d.h. ein Mitglied der »Pro-Partei«, eines der »Kontra-Partei«, eines der »Pro-Partei« usw.).

5. In einer Auswertung (Diskussion/Rundgespräch) werden nun gemeinsam die Hauptgesichtspunkte des »Pro-« und »Kontra-Austausches« zusammengetragen.

Dabei sollte in einem ersten Schritt über die Reaktionen und Selbstwahrnehmungen der Teilnehmer/-innen gesprochen werden (»Wie ging es mir, als ich mich mit Pro- oder Kontra-Sicht befassen mußte?«).

Variation zu 3. und 4.:
Jede Gruppe benennt einen Sprecher bzw. eine Sprecherin. Der Argumentationsaustausch wird durch die Sprecher/-innen der »Pro-« und »Kontra-Gruppe« eröffnet. Dann schließen sich mit kurzen Äußerungen abwechselnd die Mitglieder der beiden Parteien an.

b) Rahmenbedingungen

Zahl: Damit sich wirklich alle Gruppenmitglieder äußern können, wenn sie dies wollen, sollte die Gesamtgruppe nicht mehr als 20 Personen umfassen. Wenn es mehr sind, muß von vornherein damit gerechnet werden, daß sich an dem Austausch der Argumente nur einige Mitglieder der beiden Parteien beteiligen.

Zeit: ca. 10 Minuten für die beiden Parteien, um sich in ihre Sicht des Problems hineinzudenken; 20 bis 40 Minuten für den eigentlichen Austausch der Argumente; ca. 30 Minuten für die Auswertung.

Raum/Material: Günstig ist eine Variabilität der Tische und Bestuhlung, damit sich rasch zwei Gruppen zusammensetzen können; für die Position des jeweiligen Sprechers ist ein Pult sinnvoll. (Das Heraustreten aus der eigenen »Partei« vor die Öffentlichkeit und der Gang zum Sprechpult gibt der Argumentation erfahrungsgemäß mehr Prägnanz und Schärfe. Außerdem erleichtert der spielerische Charakter die spätere Distanzierung von Argumenten, die zwar vorgebracht wurden, aber nicht die eigenen waren.)

(3) Hinweise für die Leiterin/den Leiter

Die Einteilung in die Pro- und Kontra-Gruppe sollte am besten willkürlich erfolgen, also durch ein Zufallsprinzip (z.B.: die Teilnehmer/-innen ziehen Karten mit den Farben Rot und Gelb; Rot = pro, Gelb = kontra) oder durch Einteilung (z.B.: die Personen rechts im Raum pro, links im Raum kontra). Es geht gerade nicht darum, sich der Partei zuzuschlagen, die der vorhandenen eigenen Meinung entspricht, sondern sich in eine

Argumentationsweise einzufühlen – ganz gleich, ob sie der eigenen Einstellung entspricht oder nicht. Unversehens äußern Teilnehmende dann Meinungen, die sie – wenn sie ihre Partei wählen könnten – niemals aussprechen würden; sie können sich anschließend mit gutem Recht darauf zurückziehen, daß diese Äußerung gespielt war. Wenn sich nicht alle Mitglieder der beiden Gruppen am Austausch der Argumente beteiligen, sollte dies nicht erzwungen werden.

(4) Weiterarbeit

Die Auswertung kann auch in ein Lehrgespräch übergehen.

Fallarbeit

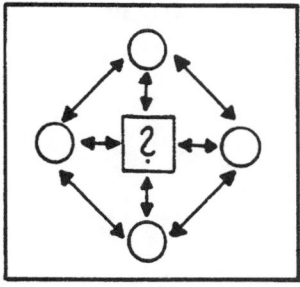

(1) Ziele

Ein Thema anhand einer konkreten Situation erschließen; eigene Probleme bzw. Fragestellungen (abgerückt von der unmittelbaren Betroffenheit) klären; sich mit einem Thema identifizieren; eigene Vorkenntnisse und Erfahrungen problembezogen einbringen, Themenhintergründe erhellen; konkrete Lösungsmöglichkeiten entdecken und entwickeln.

(2) Durchführung

a) Ablauf

Im Fall wird versucht, einen oder mehrere Ausschnitte der Wirklichkeit schriftlich darzustellen, die für das gewählte Thema/die Aufgabenstellung charakteristisch sind und zugleich den Erfahrungs- bzw. Vorstellungshorizont der Teilnehmenden treffen. Dabei ist es für die Leitung wichtig, stets die Zielrichtung für die Verwendung des Fallbeispiels im Auge zubehalten, z.B.
– ein Thema soll anschaulich werden;
– die Gruppe soll eine bestimmte Aufgabe lösen;
– die Teilnehmenden sollen für ein Problem verschiedene Lösungen erarbeiten;
– die Teilnehmenden sollen den Hintergrund, die verschiedenen Einflußgrößen einer auf das Thema bezogenen Situation herausfinden.

Grundarten von Fällen
– Ein Problem/eine Situation wird als »offener Fall« geschildert, d.h. ohne Lösung. Dafür müssen Lösungsmöglichkeiten gefunden werden.
– Ein Problem wird vorgestellt als »geschlossener Fall«, d.h. mit einer Lösung. Sie

111

kann falsch oder richtig sein oder von beidem etwas enthalten. Der Fall wird analysiert und die Lösung beurteilt. (Eventuell auch: Vorgabe mehrerer Lösungen, aus denen die richtige auszuwählen ist.)

– Ein geschlossener Fall kann durch die Aufgabenstellung zum »offenen Fall« erweitert werden. Nach der Analyse kann z.B. die vorgegebene Lösung als unzureichend erkannt werden, und die Teilnehmer haben die Aufgabe, alternative Lösungen zu finden.

Fundorte für Fälle

Zunächst bieten sich veröffentlichte oder eigene Sammlungen von Fallbeispielen an (aus Tageszeitung, Fernsehen, Literatur, eigenem Erleben). Meist muß die Leitung jedoch die Fallbeispiele selbst erfinden bzw. vorgegebene Fälle im Blick auf Ziel und Fragestellung verändern.

Es ist wichtig, daß die Fallvorgabe klar aufgebaut, übersichtlich und kurz gehalten ist, für die Aufgabenstellung notwendige Informationen enthält und Identifikationsmöglichkeiten für die Teilnehmer/-innen anbietet. Die Aufgabe muß klar formuliert, in der vorgegebenen Zeit auch leistbar sein und sollte zur Verarbeitung einladen.

Fallbearbeitung

Die schriftlichen Fallvorgaben (inclusive Aufgabenstellung) werden im Plenum oder (bei unterschiedlichen Vorgaben) in den Kleingruppen vorgelesen, Rückfragen geklärt und die Bearbeitungszeit abgesprochen.

Die Kleingruppen arbeiten (mit oder ohne Begleitung durch Teammitglieder) an ihren Lösungen, halten diese fest und bringen diese gegebenenfalls wieder in die Gesamtgruppe.

b) Rahmenbedingungen

Zahl: bis 30 (Gesamtgruppe).

Zeit: 30 Minuten für die Fallbearbeitung, ca. 45 Minuten für das sich anschließende Plenum.

Raum: Wenn in mehreren Gruppen gearbeitet wird (entweder arbeitsgleich an einem Fall oder arbeitsteilig an verschiedenen Fällen oder verschiedenen Fragen), empfiehlt es sich, getrennte Arbeitsräume bereitzustellen.

Material: Schriftliche Fallvorgabe (als Erinnerungshilfe für die Teilnehmenden wichtig), Papier zur Ergebnissicherung (eventuell Plakate oder Zettel, dazu Filzstifte).

(3) Hinweise für die Leiterin/den Leiter

Wenn zu Beginn einer Fallarbeit die Teilnehmenden nach zusätzlichen Informationen fragen, ist Vorsicht geboten: Wenn es sich um eine fehlende (vielleicht auch vergessene) Einzelheit handelt, läßt sich diese nachreichen – vielleicht sogar aus dem augenblicklichen Einfall heraus (»Was könnten wir an dieser Stelle ergänzen, damit uns die Arbeit leichter fällt?«). Wenn aber die Fragen nicht aufhören und immer neue Ergänzungen verlangt werden, kann das durchaus ein Hinweis darauf sein, daß die konkrete, möglicherweise mühsame und ungewohnte Arbeit hinausgeschoben werden soll. Dann wäre eine Reaktion etwa in der Art sinnvoll: »Ein Fall ist im Vergleich zur Wirklichkeit immer einfacher und ›holzschnittartig‹. Ich bitte Sie, daß Sie sich nun einfach einmal auf diese Beschreibung einlassen, und wenn Sie im Gespräch merken, daß Ihnen noch etwas Entscheidendes fehlt, können Sie es ja aus Ihrer Phantasie ergänzen.«

(4) Weiterarbeit

Wenn sich an die Fallarbeit in Arbeitsgruppen ein Plenum anschließt, können die Lösungen verglichen sowie die Gemeinsamkeiten und Unterschiede herausgearbeitet werden.

Einer Arbeitseinheit, in deren Mittelpunkt eine Fallarbeit steht, können vertiefende Informationen zum Thema folgen (Referat, Lektüre eines Literaturauszuges, Kurzfilm).

Ein Fallbeispiel für ein Fallbeispiel

```
Eine Situation ...
_____

Dozent Fridolin B. kommt in die VHS, um seine Unterlagen abzu-
geben.

Freudestrahlend präsentiert er seine Wiederanmeldeliste: "Ich
bin zwar leider etwas spät, ich weiß, der Termin ist schon vor-
bei, aber sehen Sie nur, bis auf zwei haben sich alle wieder
eingetragen. Es macht Ihnen doch sicherlich nichts aus, daß bei
fünfen die Kontonummer fehlt. Dafür sind zwei Neue dabei, die
nicht an dem ganzen Kurs teilgenommen haben. Das sind zwei Be-
kannte, die schauten mal rein und sind dann geblieben. Ist doch
toll, oder?"

Er wundert sich, daß die Verwaltungsmitarbeiterin seine Freude
nicht teilt.

Versetzen Sie sich in die Situation der Verwaltungsmitarbeite-
rin:

1. Welche Probleme tauchen hier für die Verwaltung auf?

2. Was sind Ihre Wünsche an die Kursleiter und Kursleiterinnen,
   damit solche Situationen nicht auftreten?
```

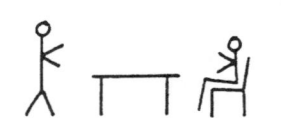

Rollenspiel

(1) Ziele

Inhalte erlebnisorientiert erschließen; Informationen und Erfahrungen durch Reden und Spielen darstellen können; sich in eine Situation und Rolle einfühlen können; sich mitteilen können; bislang unbekannte Anteile der eigenen Person bzw. bisher nicht geübte Verhaltensweisen entdecken und »ausspielen«; »Probehandeln« üben.

(2) Durchführung

a) Ablauf

Situation: Rollen:	geschlossen	offen
definiert (a) oder (b)	I	III
undefiniert	II	IV
(a) = Rollendefinition allen bekannt (b) = Rollendefinition z.T. verdeckt		

Beispiel für Variante I (a)
(Rollen definiert, allen bekannt, Situation geschlossen)
Die Teilnehmer/-innen erhalten die genaue Darstellung eines Problems bzw. einer Situation mit exakten Rollenangaben, z.B.: »Die Familie Petersmann sitzt am Sonntag beim Mittagessen zusammen: Der Ehemann, 45 Jahre, Angestellter bei …; die Ehefrau, 43 Jahre, seit 15 Jahren Hausfrau, vorher Chemielaborantin; Tochter Erna, 17 Jahre, Anwaltsgehilfin; Sohn Fritz, 13 Jahre, Hauptschüler. Die vier können sich über die Gestaltung des Sonntagnachmittags nicht einigen (hier eventuell Einfügung von Hauptwünschen oder -argumenten jedes Familienmitgliedes). Die Auseinandersetzung endet – wie schon so oft an den vergangenen Sonntagen – in allgemeiner Gereiztheit und ohne gemeinsamen Entschluß.«

Beispiel für Variante I (b)
(Rollen definiert, nicht allen bekannt, Situation geschlossen)
Situation wie zuvor, jedoch mit Zusatzinformation (die den anderen nicht bekannt ist) für Erna, z.B.: »Erna hat, ohne daß es die Familie weiß, sich vorgenommen, an diesem Nachmittag mit ihrem Freund eine kleine Radtour zu machen.«

Beispiel für Variante III (a)
(Rollen definiert, allen bekannt, Situation offen)
»Der Personaldirektor ist mit seinem neuen Assistenten unzufrieden. Sein Stellvertreter hat deshalb einen neuen Posten für den Assistenten in der Zentralen Materialbeschaffung gefunden. Dem Personaldirektor ist es unangenehm, die Versetzung mitzuteilen; er hat daher seinen Stellvertreter gebeten, dies zu tun. Er will aber dabeisein, sozusagen als ›Autorität im Hintergrund‹. Als der Assistent hört, daß er zu einer Besprechung ins Büro des Personaldirektors kommen soll, schwant ihm nichts Gutes.«

Beispiel für Variante II
(Rollen undefiniert, Situation geschlossen)
»Zwei junge Leute werden von den Vermietern einer 2-Zimmer-Wohnung abgelehnt. Konkretisieren Sie, um was für Personen es sich handeln könnte und welche Ablehnungsgründe maßgeblich sind.«

Beispiel für Variante IV
(Rollen undefiniert, Situation offen)
Die Teilnehmer/-innen erhalten ein Thema, das zunächst nicht nach Rollen strukturiert ist, z.B. »Worüber entsteht in der Familie am ehesten Streit?« Sie sammeln hierzu Ideen und setzen diese in eine Spielszene um.

Die Wahl der Variante ist abhängig vom Ziel. Grundsätzlich gilt: je mehr Offenheit, desto größer die Dynamik.

Die Leitung kann den Fall erzählen und Teilnehmer bitten, sofort in das Spiel einzutreten; Voraussetzung: gegenseitige Bekanntschaft, gelockerte Atmosphäre, Kenntnis der Methode »Rollenspiel«, Spielbereitschaft. Diese Vorbedingungen für ein Spiel aus dem Stand sind selten erfüllt. Deshalb empfiehlt es sich, die Rollenvorgabe und Problemdarstellung aufzuschreiben und den Teilnehmern zu geben; sie können sich dann einzeln, besser aber in Kleingruppen mit der Situation befassen, sich hineinfühlen und anschließend das Spiel wagen (gegebenenfalls kann eine Gruppe ausgelost werden, um den Entscheidungsprozeß, »wer spielt«, abzukürzen).

b) Rahmenbedingungen:

Zahl: bis zu 30 Personen in der Gesamtgruppe und bis zu 7 Personen in den Kleingruppen.
Zeit: für das eigentliche Rollenspiel max. 12 Minuten; für die Vorbereitung bei Varianten I und III ca. 10 Minuten, bei Varianten II und IV 30 bis 45 Minuten.
Raum/Material: freie Spielfläche in der Mitte des Raumes; »Requisiten« nach vorgegebener Situation.

(3) Hinweise für die Leiterin/den Leiter

Die Zeitvorgaben zur Vorbereitung sollten möglichst kurz sein, um die Entwicklung umfangreicher »theoretischer« Lösungskonzepte und Spielpläne zu vermeiden. Ebenso wichtig ist es, das Spiel eher frühzeitig abzubrechen (also z.B. am Höhepunkt, bei einer besonders schlagkräftigen Argumentation usw.), damit der zündende Funke für die spätere Auswertung (s.u.) erhalten bleibt; keinesfalls eine Situation so lange ausspielen lassen, bis den Spielern nichts mehr einfällt! Dann fällt erfahrungsgemäß auch im Auswertungsgespräch keinem mehr etwas ein. Die Entscheidung, »wer spielt – wer spielt nicht«, braucht manchmal etwas Zeit; dabei ist auf Signale des zögernden Wollens (unruhiges Sitzen, halbes Aufstehen und wieder setzen usw.) zu achten, um diese Teilnehmer/-innen rechtzeitig ermutigen zu können.
Generell gilt: Rollenspiele setzen gegenseitige Bekanntschaft und ein gewisses Vertrauensklima in der Gruppe voraus; deshalb sollten sie nicht am Anfang einer Veranstaltung und keinesfalls in einer neu (und womöglich nur einmal) zusammentretenden Gruppe eingesetzt werden. Die so verursachten Frustrationen können die an sich ertragreiche Methode nachhaltig in Mißkredit bringen, und das wäre schade.

4. Weiterarbeit

An das Spiel schließt sich eine Auswertung an. Sie beginnt immer mit einer Äußerungsmöglichkeit für die Spieler/-innen: »Wie ist es mir mit meiner Rolle (bzw.: … im Spiel) ergangen?« Hier muß gerade dann die Möglichkeit der nachträglichen Distanzierung gegeben sein, wenn sich jemand weit – vielleicht sogar für sich selber überraschend weit und ungewohnt – exponiert hat. Erst dann folgen die Eindrücke des Publikums: »Was haben wir gesehen? Was hat das Spiel in uns ausgelöst?« Die nicht Spielenden, also die Zuschauer/-innen des Rollenspiels, können auch Beobachtungsaufgaben bekommen, z.B. im Blick auf die verhandelten Themen, Argumentationsweisen usw. Erfahrungsgemäß kann dies jedoch das ganzheitliche Miterleben eher behindern.
Manchmal werden in der Auswertung andere oder neue Lösungen erörtert. In diesem Fall kann sich ein neues Rollenspiel anschließen (»Laßt uns doch diese Lösung einmal spielen. Wer ist jetzt der Ehemann, die Ehefrau, die Tochter, der Sohn?«).

Planspiel

(1) Ziele

Kenntnisse über größere Zusammenhänge und Wechselwirkungsvorgänge gewinnen; Wirklichkeit und Entscheidungsvorgänge durchschauen können; eigene Entscheidungs- und Planungsstrategien entwickeln; die Erfassung wichtiger Komponenten eines Entscheidungsfeldes üben; Entscheidungsfähigkeit üben.

(2) Durchführung

a) Ablauf:

Ein Planspiel besteht aus
1. einem Modell, das den Spielrahmen festlegt;
   dieses Modell ist an die Wirklichkeit angelehnt, vereinfacht sie aber (Simulation), und bestimmte Faktoren werden von vornherein im Sinne einer Ausgangssituation festgelegt;
2. dem eigentlichen Spielverlauf;
   hier erkennen die Teilnehmenden die Regeln des Modells für die Spieldauer als ihre Wirklichkeit an;
   sie identifizieren sich mit bestimmten Rollen;
   sie treffen Entscheidungen;
   diese Entscheidungen werden in das Modell eingebracht, das sich deshalb im Spielverlauf ändern kann.

Beispiel für ein Modell:

Die Textilfirma »Top-Dress« in X-Dorf will einen erheblichen Teil ihrer Fertigung in ein Entwicklungsland verlagern. Der Kirchenvorstand wird sich mit dem Vorhaben beschäftigen müssen. Ihm liegt ein Antrag vor, dagegen öffentlich Stellung zu nehmen. Neben dem Kirchenvorstand beschäftigen sich mit dem Vorgang vier weitere Gruppen, die jeweils gesonderte Situationsbeschreibungen erhalten:

das Direktorium von »Top-Dress« (Erbeitung von Argumenten und Begründung für die Entscheidung der Firma);

eine entwicklungspolitisch engagierte Gruppe junger Erwachsener (Erarbeitung von Argumenten gegen die Entscheidung der Firma);

eine Frauengesprächsgruppe mit einigen Arbeiterinnen aus der Firma (Suche nach einer eigenen Position);

der Stadtrat (Auseinandersetzung über kommunal- und binnenwirtschaftliche Konsequenzen des Vorhabens der Firma).

z.B.

117

*Der Spielverlauf kann vorstrukturiert sein (z.B.: der Kirchenvorstand führt eine An-
hörung mit Vertretern der vier Gruppen durch und trifft dann eine Entscheidung) oder
zunächst offenbleiben (mit der Möglichkeit der Kommunikation zwischen den Gruppen, schriftlich oder durch »Abgesandte«).*

b) Rahmenbedingungen

Zahl: Die Gesamtgruppe muß so überschaubar sein, daß hier noch ein Rundgespräch
stattfinden kann (d.h. max. 30 Personen).
Zeit: Einfachere Planspiele dauern zwei bis drei Stunden; meistens wird jedoch ein
halber oder ganzer Tag gebraucht, wenn die Möglichkeiten des Planspiels wirklich
ausgeschöpft werden sollen.
Raum: mehrere Gruppenräume und ein großer Arbeitsraum für die Gesamtgruppe.
Material: Informationsunterlagen für die verschiedenen Gruppen, gegebenenfalls Zu-
satzmaterial (Statistiken, Textauszüge); Schreibmaschinen oder zumindest Schreibmaterial für die Niederlegung von »Briefen«, »Anträgen«, »Statements« usw.

(3) Hinweise für die Leiterin/den Leiter

Die Vorbereitung und Durchführung eines Planspiels setzt Erfahrung mit dieser Methode und Sachkenntnis in bezug auf den bearbeiteten Inhalt voraus.

(4) Weiterarbeit

Auswertung als Rundgespräch:
1. Äußerungen zum Spiel (»Wie ist es mir ergangen – Was habe ich erlebt?«).
2. Erarbeitung allgemeiner Konsequenzen in bezug auf den Inhalt.
3. Konsequenzen für das Handeln des einzelnen oder einer Gruppe.

Teil II
Perspektiven,
Fragen und Hilfen

zur Planung und Gestaltung von
Kleingruppenmethoden

Im Zusammenhang mit den vielfältigen Herausforderungen, die bei Kleingruppenarbeit methodisch zu gestalten sind, wurden in den vorangegangenen Kapiteln einige Gesichtspunkte immer wieder erwähnt. Es handelt sich um

1. Ziel und Funktion von Kleingruppenarbeit,
2. die Wechselwirkung mit den Teilnehmenden und der Leitung,
3. die Bedeutung von Rahmenbedingungen, vor allem von Zeit und Raum.

Die folgenden drei Kapitel nehmen diese Aspekte auf. So sollen für die Planung, aber auch für die Gestaltung gewissermaßen als Abrundung weitere Hilfen angeboten werden.

Dieser Teil II arbeitet in den einzelnen Kapiteln mit fortlaufenden Texten, die insgesamt als Anregung und Hinweis gestaltet sind. Es entfallen daher die graphischen Markierungen, die in Teil I am Rande angefügt sind.

1. Die Frage nach Ziel und Funktion

Kleingruppenarbeit ermöglicht:

- sich an der Erarbeitung eines Inhalts aktiv zu beteiligen,
- eigene Erfahrungen, eigenes Wissen und eigene Fragen einzubringen,
- bereits vorhandene Sachkompetenz wahrzunehmen und zu nutzen,
- Fähigkeit zur selbständigen Informationserarbeitung und Problemlösung zu entwickeln,
- Austausch (Kommunikation) und Zusammenarbeit (Kooperation) zu üben.

Diese generellen Ziele sind in die verschiedenen Funktionen eingestaltet, die Kleingruppenarbeit haben kann.

Kleingruppen dienen

- zur Eröffnung von Arbeitsprozessen:
  - ● zur Einstimmung
    (z.B.: »Was stellen wir uns vor unter …?« / »Was fällt uns ein zu …?«),
  - ● zur Hebung von Vorwissen / Vorerfahrungen
    (z.B.: »Was wissen wir über …?« / »Was haben wir schon erlebt mit …?«),
  - ● zur Artikulation von Einschätzungen bzw. Fragen
    (z.B.: »Was möchten wir wissen über …?«);
- zur Vertiefung von Arbeitsprozessen:
  - ● zur Festigung von Informationen
    (z.B.: »Was hat sich nun in unserer Sicht des Themas … geändert?«),
  - ● zum Sammeln von Fragen im Anschluß an Informationen
    (z.B.: »Was war uns unklar?«),
  - ● zur Aktivierung von Phantasie / Ideen
    (z.B.: »Wie könnte eine Lösung aussehen?«);
- zum Abschluß von Arbeitsprozessen:
  - ● zur Feststellung von Ertrag
    (z.B.: »Was haben wir hinzugewonnen?« / »Was ist noch offen?«),
  - ● zur Feststellung von Anwendungsmöglichkeiten
    (z.B.: »Wo können wir … einsetzen / nützen / gebrauchen?«),

● zur Festlegung von Arbeitsvorhaben
(z.B.: »Was werden wir ausprobieren?«).

In jedem dieser Funktionsbereiche kann Kleingruppenarbeit ausgerichtet sein:

a) arbeitsgleich, d.h.:
Alle Gruppen haben *denselben* Arbeitsauftrag;
b) arbeitsteilig, d.h.:
Die Gruppen haben *verschiedene* Arbeitsaufträge.

Die Entscheidung hängt vom Ziel und der gewählten Funktion der Gruppenarbeit ab.

Arbeitsgleiche Gruppen sind geeignet zur Erhebung von viel Material bei gleicher Ausgangsvoraussetzung (Vergleichbarkeit des Materials).

Arbeitsteilige Gruppen sind geeignet zur Vertiefung von Einzelaspekten eines Themas/eines Problems, deren spätere Verknüpfung im Plenum wieder ein Ganzes gibt.

Bei der Planung ist genau zu prüfen, welcher Funktion die Kleingruppenarbeit dienen und was bei den Teilnehmenden mit ihrer Hilfe erreicht werden soll. Damit die schließlich gewählte oder entwickelte Kleingruppenmethode wirklich stimmig ist, sind die Ziele eindeutig und genau zu formulieren. Das heißt: Unvollständige, undeutliche, weiträumige oder ganz unterschiedlich deutbare Formulierungen werden durch möglichst konkrete Beschreibungen dessen, was tatsächlich angestrebt wird, ersetzt. »Sich austauschen« kann z.B. konkret bedeuten, »Vorerfahrungen erinnern und gegenseitig mitteilen« oder »eigene Vorkenntnisse wahrnehmen und formulieren«; »sich über das Gehörte austauschen« kann heißen, »wahrnehmen, was in Erinnerung geblieben ist«, oder »die eigene Meinung zu dem Gehörten formulieren«.

Solche genau beschriebenen Ziele brauchen im Arbeitsauftrag nicht wörtlich vorzukommen! Das könnte im Einzelfall sogar abschreckend wirken. Sie sind vielmehr ein Prüfinstrument, um Arbeitsauftrag und Arbeitsweise für Kleingruppen präzis zu gestalten.

Die Arbeit am Ziel ist eine wesentliche Hilfe, um die angemessene Verfahrensweise der Gruppenbildung zu wählen, einen stimmigen Arbeitsauftrag zu entwickeln, aber auch die Formen der Ergebnissicherung und -präsentation adäquat gestalten zu können. Oft wird erst durch die (selbstgestellte) Rückfrage nach dem Ziel deutlich, daß eine spontan – z.B. aufgrund eigenen Erlebens – vorgesehene Kleingruppenmethode nicht recht paßt.

So empfiehlt sich immer dann, wenn eine Kleingruppenmethode erwogen und vorstrukturiert wird, die Kontrollfrage: »Was soll konkret erreicht werden?« oder aus der Perspektive der Teilnehmenden formuliert und deshalb noch mehr als Leitlinie für Methodenauswahl und -konstruktion geeignet: »Was sollen die Teilnehmer/-innen erlebt, erfahren, *hinzugewonnen* haben, wenn sie die Kleingruppenmethode absolviert haben werden?«

2. Die Frage nach den Teilnehmenden und der Leitung

Die generellen Ziele von Kleingruppenarbeit (s.o.) – sich beteiligen, Eigenes einbringen, selbständig sein, Kommunikation und Kooperation pflegen – sind von der Leitvorstellung einer aktiven Mitwirkung bestimmt. In ihrem Rahmen sind Lernfortschritt, Lernerfolg und Lernergebnis wesentlich eine Sache des eigenen Engagements. Sie gelingen je eher (und machen um so mehr Freude), je größer und selbstverständlicher dieses Engagement ist.

Dennoch haben die generellen Ziele auch ihre Schattenseiten. Sie werden in der folgenden Gegenüberstellung als »Problem« angedeutet.

Ziele	Probleme
Sich an der Erarbeitung eines Inhalts aktiv beteiligen.	Sich anstrengen, »arbeiten«, Mühe erleben; Grenzen und Scheitern befürchten.
Eigene Erfahrungen, eigenes Wissen und eigene Fragen einbringen.	Schwellen überwinden müssen, um sich anderen mitzuteilen; sich selbst wahrnehmen, was unangenehm sein kann.
Bereits vorhandene Sachkompetenz wahrnehmen und nutzen.	Die Kompetenz des Fachmannes / der Fachfrau höher einschätzen als die eigene (zumal, wenn es sich »nur« um Alltagskompetenz aufgrund von Lebenserfahrung und innerfamiliärer Arbeit handelt).
Fähigkeit zur selbständigen Informationserarbeitung und Problemlösung entwickeln.	»Schon wieder ›selbst‹ müssen«, d.h. Informationen und Lösungen lieber »bekommen«.
Kommunikation und Kooperation üben.	Sich mit anderen und auf andere einlassen müssen; Verständigung als anstrengend erleben; Konflikte befürchten (und erleben); Kompromisse schließen müssen.

Die Auflistung auf der rechten Seite ließe sich noch genauer erfassen. Im Blick auf Kleingruppenarbeit handelt es sich zum Teil um tatsächlich erlebte und erfahrbare Schwierigkeiten, zum Teil aber auch um solche, die in der Erwartung vorhanden sind. Letztere werden zwar »nur« als Befürchtung in die Situation hineingetragen, sind aber für die Betroffenen innerlich nicht weniger real als das, was äußerlich geschieht.

Kleingruppenmethoden bringen nicht nur für die Teilnehmenden Probleme mit sich, sondern auch für die Leitung: Das Plenum ist übersichtlich, mehrere Kleingruppen hingegen sind nicht mehr bis ins letzte überschaubar; im Vortrag oder im Lehrgespräch wird von *einer* Position aus definiert, was geschieht, bei mehreren Kleingruppen gibt es vielerlei Unterzentren, und was alles kommt, ist zunächst einmal ungewiß; im Plenum sind alle da, und auch der Leiter/die Leiterin gehört dazu, Kleingruppenmethoden hingegen machen den Leiter/die Leiterin für gewisse Zeiten funktionslos und einsam.

So stellen Kleingruppen für *alle* Beteiligten eine offene Situation dar. Hier treffen Menschen direkt aufeinander. Da kann Neues und Unvorhergesehenes geschehen. Es besteht also ein gewisses Risiko.

Offene Situationen und Risiken dieser Art können Unbehagen, ja sogar Angst auslösen. Um diese nicht noch mehr zu steigern, sondern möglichst loszuwerden (Abwehr), richtet sich das unbewußte Streben darauf, die schon bekannte Situation zu erhalten und die neue, ungewisse zu vermeiden (Widerstand). Dieses Wechselspiel erklärt, warum immer wieder die Neigung besteht, im Plenum zu bleiben, obwohl es auf Dauer langweilt und frustriert. Lieber das bekannte Alte, sei es auch noch so problematisch, als das unbekannte und deshalb riskante Neue.

So ist verständlich, daß eine Kleingruppenmethode auf Zurückhaltung treffen kann. Die Teilnehmer/-innen erheben sich nur zögernd, um bei einer Wahlgruppenbildung zu ihren Treffpunkten zu gehen; einige bleiben sitzen und erklären – darauf vom Leiter angesprochen –: »Wir sind schon eine Gruppe.« Auch Einwände können laut werden: »Bleiben wir lieber hier und reden gemeinsam.« oder »Wenn wir jetzt in Gruppen gehen, bekommen wir nicht alles mit.« Selbst diejenigen, denen Kleingruppenarbeit vertraut ist oder die sie als Methode der Wahl selbst einsetzen, erleben z.B. bei einer Konferenz in einer neu beginnenden Kleingruppenarbeit die übliche Schwellensituation, das Warten darauf, daß ein Mitglied beginnt, die mühsame Erinnerung an Arbeitsauftrag und Form der Ergebnissicherung.

Zu Abwehr und Widerstand kann es somit auch auf seiten der Leitung kommen. Sie äußern sich hier allerdings anders, eben »leitungsspezifisch«. Das kann schon in der Planung beginnen, wenn die einzelne Leitungsperson oder ein Leitungsteam die präzise Strukturierung der vorgesehenen Kleingruppenarbeit wegschieben (»das machen wir im Verlauf«) oder vergessen (»Wie war das noch mal mit den Kleingruppen?«). Das kann sich bei der Ansage fortsetzen, wenn wichtige Angaben vergessen werden (z.B. die Zeit) oder wenn Formulierungen gewählt werden, die eine gewisse Scheu vor Eindeutigkeit, vielleicht auch

Angst vor befürchteten Reaktionen widerspiegeln (z.B. »Ich schlage Ihnen vor, daß Sie sich jetzt in Gruppen zusammenschließen.« – wird es wirklich vorgeschlagen, dann müßte darüber anschließend gemeinsam befunden werden). Auch die Unruhe und Ungeduld, die sich bei der Leitung während einer Kleingruppenphase manchmal einstellen, gehören in diesen Umkreis (z.B. der ständige Blick auf die Uhr und die mehrfache Nachfrage im Team: »Wieviel Zeit haben wir noch?«)

All diese Verhaltensweisen bei sich selbst und bei anderen samt den zugrundeliegenden Zusammenhängen zu verstehen und als normalen Teil der menschlichen Konstitution zu akzeptieren ist ein wesentlicher Beitrag zur Veränderung. Wenn die Leiter/-innen eigene Abwehr und eigenen Widerstand vor sich selber und im Team gegenseitig zulassen und sich offen über ihre Einfälle hierzu austauschen, fördert dies das Verständnis für die Teilnehmenden. Wenn die Teilnehmer/-innen erleben, daß sie ihre Vorbehalte haben und sogar ausdrücken dürfen, ohne daß die Leitung ihnen dies zum Vorwurf macht, ist das für sie eine Einladung, Vertrauen zu entwickeln – und schließlich doch in die Kleingruppe zu gehen.

Verständnis zu haben und auszudrücken (»Ja, das ist nicht leicht, jetzt gleich in Gruppen zu gehen.«) und *zugleich* für die pädagogisch gute Sache einstehen (»Aber probieren Sie es einmal aus, es bringt wirklich etwas!«) – diese Kombination erleichtert die Einführung einer Kleingruppenmethode auch angesichts von Abwehr und Widerstand. Hat die Gesamtgruppe erst einmal erfahren, daß Kleingruppenarbeit anregend und ertragreich ist und sogar Spaß machen kann, dann stößt der weitere Einsatz solcher Verfahren kaum noch auf Vorbehalte. Eine solche Entwicklung ist um so wahrscheinlicher, je eher Kleingruppenmethoden eingesetzt worden sind – und das heißt: möglichst schon in der allerersten Einheit, und zwar gleich bei der Gestaltung der Anfangsphase (s. Teil I, 6. Kapitel).

Insgesamt wächst die Bereitschaft zur Kleingruppenarbeit bei den Teilnehmern und Teilnehmerinnen, wenn auf seiten der Leitung förderliche Beiträge geleistet werden.

Bereitschaft zur Akzeptanz für Kleingruppenmethoden auf seiten der Teilnehmenden	Förderliche Beiträge auf seiten der Leiter und Leiterinnen
Die Kleingruppenmethode wird als stimmig wahrgenommen (nicht als Überbrückung, Ritual, Verlegenheitslösung).	Präzise Planung im Blick auf Ziel und Funktion der Kleingruppenmethode, die nicht als Ad-hoc-Instrument, sondern als verantwortlich zu lösende Gestaltungsaufgabe begriffen wird.
Das angebotene Verfahren ist durchsichtig.	Erläuterung, was die angesagte Arbeitsweise bringen soll und worin ihr Sinn besteht (z.B. »In einer so großen Gruppe ist es nicht einfach, sich gleich am Anfang zu äußern. Deshalb bitte ich Sie, daß Sie sich immer zu zweit zusammentun und …«).
Die angebotene Verfahrensweise wirkt einladend und ermutigend.	Die Ansage kommt aus der Grundstimmung: »Es wird etwas Positives bringen.« (weniger: »Das müßt Ihr jetzt tun.«). Durch (körperliches) Verhalten wird unterstrichen und »dargestellt«, worum es geht; der Leiter/die Leiterin steht z.B. selber auf, wenn er bzw. sie die Teilnehmenden bittet, Wahlgruppen zu bilden und zu diesem Zweck die Plätze zu verlassen.

Für Teilnehmer/-innen und Leitung gibt es einige Situationen, die spezifische Herausforderungen oder Fragen mit sich bringen.

● »Die Kleingruppe, die kein Ergebnis hat«

Wenn Ergebnissicherung und -präsentation angesagt ist, kann es immer wieder vorkommen, daß eine Kleingruppe ohne Ergebnis ins Plenum kommt; genauer: ohne sichtbares Ergebnis. Wenn dies als Verweigerung aufgenommen (auch wenn es Elemente davon enthalten mag) und mit Ärger, sogar Maßregelungen beantwortet wird, gerät die Situation rasch auf die Ebene des bloßen Agierens. Hilfreicher ist die Perspektive, nach den nichtsichtbaren Ergebnissen zu forschen und die Gruppe anzuregen, zumindest oder gerade diese mitzuteilen (z.B. ihr Problem mit dem Arbeitsauftrag oder die Unmöglichkeit, sich zu einigen, oder unzureichende Arbeitszeit). Im Zusammenhang mit der Präsentation von Ergebnissen (Teil I, Abschnitt 4.2) wurde in diesem Sinne empfohlen, bei Präsentationen mehrerer Kleingruppenergebnisse bewußt derjenigen Kleingruppe zuerst das Wort zu geben, »die kein Ergebnis hat«.

● »Die Kleingruppe, die schiefgeht«

Wenn das Plenum in mehrere Kleingruppen aufgeteilt wird, kann es immer wieder geschehen, daß eine Kleingruppe »nicht funktioniert«: Die Gruppenmitglieder sind mit dem Thema ganz schnell fertig und sinken dann in ihre Vereinzelung zurück, blättern im Programm, ziehen eine Zeitung aus der Tasche, machen Notizen; oder die Mitglieder einer Gruppe mögen sich erkennbar nicht, haben lange Gesprächspausen, äußern sich dann für kurze Zeit, strahlen Mißmut und Unlust aus; oder ein Gruppenmitglied verliert sich in endlosen Monologen, und die anderen rutschen in Ratlosigkeit und Lethargie hinein.

Solche Konstellationen können sich bei Nachbarschaftsgruppen ergeben, bei Wahlgruppen eher nicht (es sei denn, einige »Übriggebliebene« finden sich unversehens in einer Gruppe zusammen, die sie aber nicht aktiv gewählt haben) und auch bei Zufallsgruppen eher selten, weil hier die Aktivität, die mit dem Zufallsprinzip gegeben ist, in sich schon Anregung und Stoff für folgenden Austausch geben. Sie sind im Ablauf des Geschehens kaum mehr zu ändern. Eine direkte Intervention des Leiters/der Leiterin, während die übrigen Kleingruppen weiterarbeiten, wäre nur sinnvoll, wenn Hindernisse im Bereich der inhaltlichen Arbeit oder der Arbeitsorganisation zu beseitigen sind (z.B. durch nochmalige Erläuterung des Arbeitsauftrages oder Bereitstellung von Hilfsmitteln). Die Konsequenzen beziehen sich eher auf die nächste Kleingruppenarbeit, in der z.B. durch die Methode zur Gruppenbildung neue Gruppenzusammensetzungen angeregt werden können.

Im übrigen ist es sinnvoll, sich in solchen Situationen zu vergegenwärtigen, daß und wie viele der übrigen Kleingruppen produktiv arbeiten. Auch wenn Kleingruppenarbeit gelegentlich menschliche Grenzen und Beeinträchtigungen einzelner zutage treten läßt, und zwar eher, als dies beim Plenum der Fall ist, so schlägt der gleichzeitige Gewinn für die vielen doch stärker zu Buche.

● »Die Kleingruppe, die mosert«

Eine Kleingruppe meldet Protest an. Sie läßt schon bei der Gruppenbildung erkennen, daß sie mit etwas nicht einverstanden ist. Oder sie kommentiert ironisch, was um sie herum abläuft. Oder sie ist im nachhinein mit Arbeitsauftrag, Gruppenbildung, Vorgehensweise, Leitung usw. nicht einverstanden. Das kann bei einer einmaligen Konstellation geschehen, aber auch zum Dauerzustand werden (etwa, wenn in einer längerfristigen Veranstaltung im Rahmen mehrfacher Wahlgruppenbildung eine Kleingruppe immer wieder zusammentritt und allmählich eine eigene Protestkultur entwickelt).

Hier empfiehlt es sich, möglichst frühzeitig – schon bei den erstsen Signalen dieser Art – um eine Äußerung im Plenum zu bitten (z.B. im Anschluß an Ergebnispräsentationen:»Ich möchte nochmals auf Ihre Bemerkung von vorhin zurückkommen. Wenn Sie bitte noch mal erläutern, worauf sich Ihr Einwand bezog.«). Im nächsten Schritt geht es darum, nicht selbst einen Pro- oder Kontra-Part zu übernehmen, sondern durch Moderation Differenzierung anzuregen, d.h. die anderen Teilnehmer/-innen zu aktivieren, z.B.:»Wie ist es bei den anderen? Haben Sie es (z.B. die Ansage oder die vorherige Arbeitseinheit oder …) ähnlich erlebt oder anders?« oder »Wie sehen es die anderen? Ähnlich oder anders?« Wenn diese Differenzierung in Gang kommt, zeigen sich plötzlich verschiedene Sichtweisen. Die kritische Position, die eine Kleingruppe möglicherweise hat, wird von einigen anderen geteilt, aber es gibt eben auch gegenteilige Einschätzungen – und so entsteht eine Gesamtbalance aus der Teilnehmerschaft heraus.

Eine weitere Möglichkeit der Differenzierung besteht darin, nach der Genese zu fragen, z.B.:»Können Sie sich erinnern, wann in diesem Seminar zum ersten Mal dieser Eindruck bei Ihnen aufgetaucht ist?« Es gehört zu den befriedigendsten Momenten gemeinsamer Klärungsarbeit, wenn in solchem rückwärtsgewandten Erschließen von Abläufen deutlich wird, daß es in der Tat – z.B. in der methodischen Struktur oder im Verhältnis von Inhalt und Methode – Unstimmigkeiten gab, die zu Frustration oder Ärger führten. Eine Voraussetzung, solche Differenzierung durch Moderation anzuleiten, besteht allerdings darin, als Leiter/-in

– auch schwierige Verhaltensweisen als Ausdruck von subjektivem Befinden und insofern als etwas grundsätzlich Berechtigtes zu sehen und
– neugierig zu sein auf Zusammenhänge und Hintergründe und sich dabei immer wieder anrühren zu lassen von dem zutiefst eigenen Charakter jedes Menschen.

Da, wo ein öffentliches, d.h. im Plenum erfolgendes Angehen zu spät ist, weil sich eine Kleingruppe in ihrer Haltung schon zu sehr eingenistet hat, oder wo es zu riskant erscheint, weil z.B. eine nicht auflösbare Problematik einzelner im Hintergrund steht, kann ein persönliches Gespräch klärend wirken, gegebenenfalls mit der ganzen Kleingruppe, »die mosert«.

● »Die Kleingruppe, in der jemand weint«

Gerade bei personen- und erfahrungsorientierten Arbeitsaufträgen werden in Kleingruppen Gefühle angerührt und frei. Dazu gehören Heiterkeit, Lachen – und manchmal eben auch Bewegtsein, Schmerz, Trauer, Tränen. Für die Betroffen ist das nicht selten peinlich, weil es als Schwäche und mangelnde Selbstdisziplin erlebt wird, wobei der selbstauferlegte Zwang, die Tränen zurückhalten zu müssen, das Weinen eher verstärkt. Für die anderen Kleingruppenmitglieder ist die Situation meist bei weitem nicht so unangenehm, wie es die weinende Person phantasiert, sondern eher von ratlosem Abwarten bestimmt.

Dieses schweigende Dabeisein, meist von Mitgefühl getragen, stellt im übrigen einen Raum bereit, in dem jemand aus seinem Schmerz wieder auftauchen und sich »wieder ordnen« kann, und zwar mit so viel Zeit, wie dafür nötig ist.

Vielfach bekommt der Leiter/die Leiterin solche Begebenheiten erst nachträglich mit. Unmittelbare Wahrnehmung geschieht, wenn alle Kleingruppen im Plenumsraum arbeiten oder er bzw. sie selbst Mitglied der betreffenden Kleingruppe ist. Eine direkte Intervention von außen (z.B. durch die Nachfrage, ob diese Kleingruppe noch Zeit braucht) ist nur nötig, wenn die Selbstregulation erkennbar nicht ausreicht (wenn beispielsweise die Kleingruppe überhaupt nicht mehr ins Plenum zurückkehrt oder die einzelne Person sich völlig absondert). Ob es zu einem späteren Zeitpunkt möglich ist, Leid, Trauer und Tränen gemeinsam zu thematisieren, muß im Einzelfall geprüft und entschieden werden.

Insgesamt ist davon auszugehen, daß die normale Orientierung an der Realität hilft, auch aus schmerzlichen Gefühlslagen wieder herauszutreten. So kann sie im nachhinein zu einer wichtigen Station werden, die Kleingruppe, »in der jemand weint«.

● »Was macht die Leitung, während die Kleingruppen arbeiten«

Der Arbeitsauftrag ist entfaltet, die Arbeitsweise erläutert, die Kleingruppen haben sich gebildet und gehen ans Werk. Ein wichtiger Schritt ist getan: Die Teilnehmer/-innen entwickeln eigene Aktivität; die Leitung hat ihre Funktion fürs erste erfüllt. Kleingruppenmethoden verteilen die Aktivität auf beiden Seiten an unterschiedlichen Stellen: bei der Leitung in der Ansage; bei den Teilnehmenden ab der Ansage.

Begreiflicherweise neigen Leiter/-innen dazu, ihr eigenes Aktivitätstief während Kleingruppenarbeit zu überbrücken, denn bloßes Abwarten macht unruhig und läßt die Zeit nur langsam vergehen. Aus dieser Situation heraus kann es geschehen, daß der Leiter/die Leiterin bzw. das Team den gemeinsamen Arbeitsraum verläßt und etwas anderes tut (»eine rauchen«, »Kaffee trinken«) oder daß sie herumgeht (»mal schauen, wie weit die Gruppen sind«) oder einfach eine zuschauende Position einnimmt.

Vor dem Hintergrund dieser Möglichkeiten empfiehlt es sich, die Aktivitäten von Leitung während laufender Kleingruppenarbeit ebenfalls unter methodischen Aspekten zu gestalten. Dazu einige Hinweise.

a) Mitmachen oder nicht mitmachen:

Schon bei der Planung ist zu prüfen und zu entscheiden, ob der Leiter/die Leiterin bei der jeweiligen Kleingruppenmethode nach der Ansage mitmacht, also einen Wechsel in die Teilnahmerolle vollzieht (wobei sich im Falle eines Leitungsteams die einzelnen Mitglieder auf verschiedene Kleingruppen aufteilen). Die aktive *Beteiligung* ist bei allen Arbeitsaufträgen sinnvoll, bei welchen die Leitung authentisch mitarbeiten kann, gegebenenfalls auch unter ihrer eigenen, aber eben echten Perspektive. Dies ist beispielsweise bei einer Kleingruppenarbeit in der Anfangsphase durchaus möglich, wenn die Standardfragestellung lautet: »Wer bin ich, aus welchem Arbeitsbereich komme ich, was reizt mich an diesem Seminar?« Solche Beteiligung bringt

– ein Zeitempfinden, das dem der Teilnehmenden entspricht,
– lebendige Eindrücke von einzelnen Personen aus der Gesamtgruppe,
– mehr »Erkennbarkeit« und »Normalität« der Leitungspersonen für die Teilnehmenden.

Nicht sinnvoll ist die Beteiligung, wenn sie unecht wäre, z.B. in einem Seminar über Sozialisationstheorien, in welchem eine öffnende Kleingruppenarbeit dazu dient, Vorkenntnisse zu erheben und in Begriffe zu fassen.

Eine Variante von Beteiligung kann darin liegen, daß ein Team denselben Arbeitsauftrag wie die Teilnehmenden bearbeitet, sich dabei aber nicht auf verschiedene Kleingruppen aufteilt, sondern unter sich bleibt, sozusagen eine eigene Kleingruppe bildet.

b) Die Gemeinsamkeit der Situation aufrechterhalten:

Wenn sich die Leitung nicht an der jeweiligen Kleingruppenmethode beteiligt, stellt sich die Frage ihres Aufenthaltsortes. Ob sie allein oder im Team tätig ist – in jedem Fall empfiehlt es sich, bei Kleingruppenarbeit in einem gemeinsamen Arbeitsraum während dieser Zeit selbst in diesem Raum zu bleiben. Das hat praktische Gründe: Die Leitung ist für Rückfragen erreichbar; sie kann aktuelle Entwicklungen wahrnehmen, einen größeren Zeitbedarf oder umgekehrt eine früher als erwartet nachlassende Produktivität. Und es gehört zu den nicht-sprachlichen Verhaltensweisen, die im Zusammenhang mit Kleingruppenmethoden stützend wirken können, denn hier wird optisch und symbolisch unterstrichen: »Wir bleiben in einer gemeinsamen Situation.«

Umgekehrt kann ein Verlassen des gemeinsamen Raumes Reaktionen auslösen in der Art: »*Wir* müssen arbeiten, und *die* pausieren.« Auch wenn dies auf der Sachebene unberechtigt sein mag und – aus tiefenpsychologischer und gruppendynamischer Sicht – allerlei Projektionsanteile enthält, ist dennoch zu prüfen, ob eine emotionale Störung solcher Art nicht vermieden werden kann, z.B.: Der Leiter/die Leiterin bleibt im Raum und vergegenwärtigt sich die nächsten Schritte; oder das Team, das im Raum bleibt, tauscht sich über Reaktionen auf die zurückliegende Phase aus bzw. vergewissert sich der weiteren Planung.

Wenn die Kleingruppen eigene Arbeitsräume erhalten, ist ein Rückzug der Leitung ohne Schwierigkeiten möglich. Gegebenenfalls ist es sinnvoll, für möglichen Klärungsbedarf einen Ort der Erreichbarkeit anzugeben.

c) Kleingruppen in Ruhe lassen

Das verständliche Interesse von Leitung, sich einen Überblick über den Arbeitsstand von Kleingruppen zu verschaffen – z.B. um den Zeitbedarf zu regulieren oder die Verwirklichung einer Ergebnisrepräsentation einschätzen zu können –, liegt im Widerstreit mit dem Bedürfnis der Kleingruppe nach ungestörter und selbstregulierter Entwicklung.

Bleiben Kleingruppen im gemeinsamen Raum, läßt sich der gewünschte Überblick durch Umhersehen leicht gewinnen. Herumgehen kann bereits störend wirken, auch wenn es dezent geschieht. Problematischer ist schon die Unterbrechung von Gruppen, die eigene Arbeitsräume haben (es sei denn, dies muß geschehen, weil die vereinbarte Arbeitszeit endgültig abgelaufen ist). Vollends funktionslos droht die Unterbrechung zu werden, wenn Leitungspersonen von Gruppe zu Gruppe wandern, sich für kurze Zeit dazusetzen (»bitte, lassen Sie sich nicht stören«), zuhören und dann wieder entschwinden – letzteres womöglich, nachdem sie »noch einen Satz« oder »einen Hinweis« abgelegt haben.

Eine formelle oder informelle Unterbrechung von Kleingruppenarbeit sollte auf den Fall beschränkt bleiben, daß eine Erinnerung an die Zeitstruktur nötig ist (z.B. bei der Verankerung eines komplexen zweiten Arbeitsschrittes, der eigene Zeit braucht) und vorher angekündigt wurde.

Für das Anliegen, den Kleingruppen eine möglicherweise benötigte Hilfestellung anzubieten, sollte eine umgekehrte Aktivitätsrichtung organisiert werden: Für die Zeit der Gruppenarbeit wird ein Ort angegeben, wo der Leiter/die Leiterin, das Team, der Referent/die Referentin für Klärungen oder Rückfragen zu finden sind. Erfahrungsgemäß wird dieses Angebot selten genutzt, und wenn, dann in einem Fall, der für die betroffene Kleingruppe wirklich wichtig ist.

3. Die Frage nach den Rahmenbedingungen

Ob Kleingruppenarbeit gelingt, hängt auch von den Rahmenbedingungen ab, vor allem von Zeit und Raum. Zeitdauer und Arbeitsraum sind bedeutsame Gestaltungsmittel und -hilfen beim Einsatz von Kleingruppenmethoden.

3.1 Die Zeit

Bereits bei der Planung ist die Dauer einer Kleingruppenphase festzulegen. Diese Dauer richtet sich nach mehreren Variablen:

– Gruppenbildung:
  Nachbarschaftsgruppen brauchen für die Findung minimale Zeit; Zufallsgruppen und Wahlgruppen bedeutend mehr; Kriteriengruppen je nachdem, wie eindeutig die gegebenen Zuordnungsgesichtspunkte sind.
– Arbeitsauftrag:
  Ein einfacher, einliniger Arbeitsauftrag (»Was reizt mich an diesem Seminar?«) braucht weniger Zeit als ein mehrdimensionaler, komplexer (z.B. »Tauschen Sie sich über Ihre Lernwege aus, die Sie aufgezeichnet haben, und stellen Sie Unterschiede und Gemeinsamkeiten fest.«).
– Arbeitsweise / Ergebnissicherung:
  Der Zeitbedarf steigt mit zunehmend komplexer Arbeitsweise (z.B. sich erinnern plus sich darüber austauschen plus diese Erfahrungen auf Begriffe bringen); er steigt noch einmal, wenn Ergebnisse zu sichern sind; und noch einmal, wenn die Ergebnissicherung eigens zu gestalten ist.
– Gruppengröße:
  Der Zeitbedarf steigt mit der Mitgliederzahl einer Kleingruppe.

In der konkreten Arbeit sind diese Variablen miteinander verwoben. Der Zeitbedarf

● folgt aus der Kombination mehrerer Gegebenheiten (z.B. wenig Zeit, wenn Nachbarschaftsgruppen mit einlinigem Arbeitsauftrag und bloßem Austausch ohne Ergebnissicherung angeboten werden),
● läßt sich aktiv gestalten durch Veränderung einzelner Variablen (z.B. Reduzierung des

Arbeitsauftrages bei einer Mitgliederzahl von fünf bis sieben Personen pro Kleingruppe; oder Reduzierung der Mitgliederzahl bei einem notwendig mehrdimensionalen Arbeitsauftrag).

Letztlich kann in diesem Wechselspiel jeder Faktor konstant gesetzt werden oder aufgrund der Realität von vornherein unveränderlich sein; dann sind die jeweils anderen Faktoren zu variieren. So können z.B. im Rahmen einer Unterrichtseinheit von einer Dreiviertelstunde nicht mehr als sieben Minuten für Kleingruppenarbeit »drin« sein; das hat Konsequenzen für eine möglichst zeitsparende Form der Gruppenbildung und einen möglichst einfachen Arbeitsauftrag. Oder: Weil die Zahl der Ergebnisse, die präsentiert werden wird, fünf nicht überschreiten darf, um die Aufnahmekapazität des Plenums nicht zu überschreiten, wird die Mitgliederzahl pro vorausgehender Wahlgruppe erhöht, dafür aber der Arbeitsauftrag einfach gestaltet und eine einfache Form der Ergebnissicherung vorgegeben.

Der *tatsächliche* Zeitbedarf von Kleingruppen kann sich von dem, der in der Planung angenommen worden ist, unterscheiden. Für die Durchführung wird als Faustregel empfohlen: die Zeit eher knapp ansetzen und Gruppenarbeit in der aktiven Phase abbrechen (allenfalls verlängern), als von vornherein zuviel Zeit geben und dadurch riskieren, daß die Kleingruppen in Langeweile versinken. Mit gelangweilten Gruppenmitgliedern läßt sich schwerer weiterarbeiten als mit solchen, die »nicht fertig geworden sind«.

Erfahrungsgemäß wollen die Teilnehmer/-innen, wenn sie erst einmal in ihre Gruppen gegangen sind, dann gern in den Kleingruppen bleiben; hier soll sich die Gruppenleitung an den vorgegebenen Zeitrahmen halten und gegebenenfalls unterbrechen (eventuell auch ansprechen, daß ihm/ihr diese Unterbrechung Mühe bereitet, daß sie aber im Interesse der gemeinsamen Arbeit nötig ist).
Da eine engagierte Arbeit am Inhalt häufig die Zeit vergessen läßt, könnte vor allem die Ergebnissicherung unter Druck geraten. Deshalb empfiehlt es sich, in schriftlichen Arbeitsaufträgen einen entsprechenden Merkposten zu verankern (z.B. »Nach spätestens 20 Minuten unterbrechen Sie bitte Ihre Überlegungen und notieren Sie auf dem Plakat ...«). Wenn die Kleingruppen im Raum arbeiten, kann auch eine vorher angekündigte akustische Erinnerungshilfe eingesetzt werden (ein Gong, ein Glöckchen, eine Melodie) – dies allerdings eingedenk und in Abwägung dessen, was im Zusammenhang mit der Vermeidung von Störungen für Kleingruppenprozesse erläutert worden ist (s.o.).

3.2 Der Raum

Diese Rahmenbedingung steht – ähnlich wie die Zeit – in einem Wechselwirkungszusammenhang mit anderen Gegebenheiten.

Je kleiner die Kleingruppen und je kürzer ihre Arbeitsdauer, desto eher sollten sie im gemeinsamen Raum bleiben. Dann stört es auch nicht, wenn ein lebhaftes Reden losgeht: Die Mitglieder jeder einzelnen Kleingruppe rücken dann sozusagen »unter dem allgemeinen Geräuschteppich« zusammen und wenden ihre Aufmerksamkeit einander zu. Je mehr Kleingruppen in einem Raum sind, desto leichter können sie gleichzeitig darin arbeiten; je weniger, desto schwieriger wird dies. Wenn sich zehn Dreiergruppen bilden, reden im selben Raum mindestens zehn Menschen (aus jeder Gruppe ein Mitglied) gleichzeitig; es ist dann kaum noch möglich, sich gegenseitig wahrzunehmen. Wenn nur zwei Kleingruppen in einem Raum arbeiten, sprechen immer nur zwei Personen gleichzeitig (aus jeder Gruppe eine); die Wahrscheinlichkeit, daß einzelne Gruppenmitglieder dann zur anderen Gruppe hinhören, ist groß. Deshalb ist Vorsicht geboten bei der scheinbar so einfachen Lösung, zwei Gruppen in einem Raum zu belassen – womöglich sogar die beiden Plenumshälften.

Je größer die Kleingruppen, je länger die Arbeitsdauer und je komplexer Arbeitsauftrag und Arbeitsweise, desto eher sollten getrennte Räume organisiert werden; zu solchen können auch Sitzecken in Foyers, ein freies Eck im Speisesaal, in der Tagungsstätte auch Zimmer der Teilnehmenden usw. umfunktioniert werden. Bei manchen Arbeitsaufträgen lohnt sich die Überlegung, ob die Kleingruppen einen »Arbeitsspaziergang« unternehmen und dabei ihre Einfälle sammeln können (z.B.: Bilanzierungen in der Schlußphase eines Seminars).

Es gibt auch den umgekehrten Fall, daß die Rahmenbedingungen nicht variiert werden können; daß beispielsweise nur ein einziger Plenumsraum zur Verfügung steht und sonst nichts. Dann sind Gruppengröße, Arbeitsdauer und Arbeitsauftrag entsprechend zu variieren. Die vielfältigen Möglichkeiten kurzzeitiger Kleingruppenarbeit im gemeinsamen Arbeitsraum machen vorsichtig gegenüber der Einstellung, daß Gruppenarbeit »immer sehr aufwendig ist« …

Kleingruppenmethoden lassen sich schließlich durch die Gestaltung des Raumes oder der Räume stützen und effektivieren.

● Raumgröße

Die Gesamtgruppe sollte bequem Platz haben – erst recht, wenn ein Stuhlkreis gestellt wird (s.u.), was beim Einsatz von Kleingruppenmethoden sowieso zu empfehlen ist. Dabei macht es nichts aus, wenn der Raum für das Plenum »zu groß« erscheint: Ein Stuhlkreis oder ein Tischviereck bilden den eigentlichen »Innenraum« für die Gesamtgruppe, zumal wenn sie seitlich der Mitte gestellt werden. Das übrige ist freier Platz für Bewegung, informelle Gespräche, Kleingruppenbildungen usw. Es läßt sich außerdem noch durch Einzeltische, Sitzgruppen usw. gestalten. Bei einem Wochenende oder Mehrtagesseminar bietet ein großer Raum die Möglichkeit, ihn im Laufe der gemeinsam verbrachten Zeit durch

Arbeitsergebnisse aus den Kleingruppen auszugestalten. Ein zunächst fremder Saal wird auf diese Weise »unser Raum«.

● Tische

Bei einigen Methoden, z.B. beim Beschriften von Plakaten, ist es sinnvoll, wenn Tische benutzt werden können. Sie sollten in diesem Fall leicht zugänglich sein. Außerdem sollte überprüft werden, ob sie die gewählte Methode auch »aushalten«. (Aus manchen Kunststoffbeschichtungen läßt sich die Farbe von Filzstiften nur schwer entfernen; hier empfiehlt sich eine zusätzliche Papierabdeckung. Ähnliches ist bei der Arbeit mit Ton, Knetmasse oder Klebstoffen zu beachten.)

● Tischviereck

Vorteile: Die Teilnehmenden sehen beim gemeinsamen Gespräch einander. Ihre Arbeitsunterlagen (Notizpapier, Materialien usw.) können sie leicht ablegen.

Nachteile: Die Sitzordnung macht »unbeweglich«: Wenn Kleingruppen gebildet werden, tun sich meistens die Nachbarn zusammen, weil das Tischviereck als optische und gegenständliche Barriere daran hindert, auf die andere Seite zu gehen und sich dort »hineinzudrängen«. Die Vielfalt der Kontakte wird so eingeschränkt, zumal sich an Tischen meistens Stammplätze bilden. Wenn dies durch Einsatz eines Zufallprinzips bei der Gruppenbildung »aufgebrochen« werden soll, müssen die Teilnehmenden mehrfach um das Tischviereck herumlaufen, was in einem kleinen Arbeitsraum mühsam sein kann.

Ein Ausgleich dieser Nachteile ist nur dann möglich, wenn in einem großen Arbeitsraum abseits des gemeinsamen Tischvierecks genug Bewegungsraum besteht (und eventuell noch zusätzliche, kleinere Tischeinheiten für Vierer- oder Sechsergruppen aufgestellt werden können). Dann läßt sich die Aufforderung zur Gruppenbildung mit der Bitte verbinden, das Tischviereck zu verlassen und sich gemeinsam im freien Teil des Raumes zu versammeln, um dann erst in Kleingruppen zusammenzugehen.

● Stühle

Gerade die Methoden, die den Kontakt zwischen Teilnehmenden fördern sollen, machen es gelegentlich nötig, sich einen neuen Platz zu suchen oder mit dem Stuhl an eine andere Stelle zu rücken (z.B. zu einer kleinen »Nachbarschaftsgruppe« oder zu einer größeren Gesprächsgruppe in einer Ecke des Raumes). Dies ist um so eher möglich, je leichter die Stühle sind. Dies sollte zumindest dann beachtet werden, wenn zwischen Arbeitsräumen mit unterschiedlicher Bestuhlung gewählt werden kann.

● Stuhlkreis

Vorteile: Die Teilnehmenden können beim gemeinsamen Gespräch einander sehen. Für Gruppenbildungen (gerade durch Zufallsprinzipien) besteht freier Raum in der Mitte der Gesamtgruppe, sozusagen ein »Marktplatz« für Begegnungen und Kontaktaufnahme. Platzwechsel ist rasch möglich. Kleingruppen können sich ohne großen technischen Aufwand formieren, indem die Beteiligten sich so setzen (also ihre Stühle so rücken), daß sie einander gut sehen und hören können.

Nachteile: Arbeitsunterlagen lassen sich schwer ablegen. Personen, die kein Ringbuch, keine Schreibmappe o.ä. dabeihaben, tun sich mit Notizen schwer.

Ein Ausgleich ist möglich, indem feste, große Pappdeckel (mindestens DIN A4) als Arbeitsunterlage bereitgelegt werden. Menschen, die diese Sitzordnung nicht kennen, sind zunächst überrascht, vielleicht auch etwas durcheinander, wenn sie ihre Handtasche, Mappe usw. ablegen und nicht gleich wiederfinden. Erfahrungsgemäß legen sich solche Irritationen angesichts der Vorteile des Stuhlkreises rasch.

Um einen Stuhlkreis aufzustellen, sollten Leiter/-in oder Leitungsteam rechtzeitig vor Beginn der Veranstaltung (bzw. vor dem erstmaligen Beginn etwa einer Seminarreihe, eines Geprächs- oder Arbeitskreises) anwesend sein. Ist diese Sitzordnung erst einmal vertraut, kann sie später mit Hilfe der Teilnehmenden kurz vor Arbeitsbeginn hergestellt werden (wenn nicht gar – wie oft zu beobachten – die zuerst Eintreffenden selber die Umräumearbeit übernehmen).

● Wände

Es ist rechtzeitig zu überprüfen, ob die Wände des Raumes geeignet sind, Arbeitsergebnisse anzuheften, ob z.B. Pinnwände vorhanden sind oder ob der Wandanstrich fest genug ist, um Tesakreppstreifen auszuhalten. (Vorsicht bei Zellophanklebestreifen: Sie ziehen gewöhnlich die oberste Schicht der Wandfarbe ab!) Wenn es – was unwahrscheinlich ist – an den Wänden gar keine Befestigungsmöglichkeiten geben sollte, müssen rechtzeitig Stellwände, verschiebbare Tafeln, Ständer für Papierbahnen (sog. »Flip-Charts«) o.ä. besorgt werden. In manchen Arbeitsräumen oder Tagungsstätten ist es nötig, vor Beginn der Veranstaltung Wandschmuck (Bilder usw.) abzunehmen, um genügend Platz zu bekommen. In diesen Fällen empfiehlt sich eine kurze persönliche Information des zuständigen Personals (Verwaltungsleitung, Hausdame, Wirtschaftsleiterin, in Schulen die Hausmeister).

● Material

Für viele Methoden wird Material gebraucht, z.B:

– Filzstifte und Papierbögen (Abfallplakate) zum Notieren von Gruppenergebnissen;

- Wachsmalkreiden, um in Einzel- oder Gruppenarbeit ein Thema bildnerisch umzusetzen;
- Hilfsmittel für die Bildung von Zufallsgruppen (etwa zerschnittene Postkartenteile als Puzzle);
- Schere und Klebstoff zum Anfertigen einer Collage;
- schriftlich formulierte und vervielfältigte Arbeitsanweisungen z.B. für eine umfangreichere Gruppenarbeit oder für die Einstimmung auf ein Rollenspiel usw.

Es empfiehlt sich daher, schon bei der Vorbereitung einen Laufzettel anzulegen, auf dem alle noch zu erledigenden Arbeiten festgehalten werden – und darunter eben auch die benötigten Materialien.

Viel Sorgfalt ist darauf zu verwenden, daß Kleingruppen nach der Ansage wirklich mit ihrer Arbeit in der methodisch vorstrukturierten Weise beginnen können. Dazu gehört, daß sie das benötigte Material möglichst rasch bekommen, wenn sie im gemeinsamen Plenumsraum bleiben, oder es in ihren Räumen vorfinden, wenn getrennte Arbeitsräume organisiert werden. Das heißt in letzterem Fall konkret: die einzelnen Arbeitsräume *vor Beginn* der Veranstaltung inspizieren; Heizung aufdrehen (oder lüften); gegebenenfalls »Rumpelkammeratmosphäre« bereinigen; benötigte Materialien zur Ergebnissicherung auslegen (z.B. Plakat, Wachsmalkreiden); im Falle von Gesprächskleingruppen vorhandene Tische an den Rand rücken und einen Stuhlkreis stellen (eher zuwenig Stühle, denn wenn doch mehr Personen in den Raum gehen, stellen sie sich die fehlenden Stühle dazu, während gerade eine neu zusammentretende Gruppe überflüssige Stühle eher nicht entfernt und dann mit der klimatisch ungünstigen Situation scheinbar »leerer Plätze« arbeitet).

Räume und Material stellen eine wesentliche Rahmenbedingung für Kleingruppen dar. Sie ermöglichen oder behindern, regen an oder schränken ein, erleichtern oder erschweren. Ist die Ansage mit inhaltlicher Arbeitsanweisung und Anleitung zur Arbeitsweise die *sprachliche* Form, Kleingruppenarbeit in Gang zu setzen, so geschieht dies bei Räumen und Material gleichsam *durch die Dinge* und das, was sie repräsentieren. Von daher lohnt es sich, auf ihre Gestaltung viel Sorgfalt zu verwenden – und viel Zeit. Und das heißt wiederum für Leiter/-innen und Teams: rechtzeitig am Veranstaltungsort sein, und zwar *vor* den Teilnehmenden, um das Ambiente in Ruhe prüfen und gestalten zu können. Denn – und das sei hier anstelle eines Schlußwortes gesagt:

Pädagogisch verantwortetes Handeln spricht auch »durch die Dinge« und durch leibhaftiges Tun – und spart sich dadurch viele Worte und manchen Überredungsversuch.

Deshalb sind Kleingruppen*methoden* so bedeutsam.

Anhang

Literaturverzeichnis

Die mit einem (*) versehenen Titel werden für die Praxis besonders empfohlen.

Antons, Klaus: Praxis der Gruppendynamik – Übungen und Techniken. Göttingen 1976/4. Aufl. (Verlag für Psychologie Dr. C. J. Hogrefe)

Aschenbrenner-Egger, Klothilde, u.a. (Hrsg.): Praxis und Methode des Sozialtherapeutischen Rollenspiels in der Sozialarbeit und Sozialpädagogik. Freiburg 1987 (Lambertus-Verlag)

Bosshardt, Walter: Gesprächsführung praktisch – Anregungen zur Methodik in der Gruppenarbeit. Basel 1978/3. Aufl. (Reinhardt)

Broich, Josef: Rollenspiele mit Erwachsenen. Köln 1991/3. Aufl. (Maternus)

Brühwiler, Herbert: Methoden der ganzheitlichen Jugend- und Erwachsenenbildung. Opladen 1992 (Leske und Budrich)

Dierichs, Joachim u.a.: Workbook – Ein Methoden-Angebot als Anleitung zum aktiven Gestalten von Lern- und Arbeitsprozessen in Gruppen. Hamburg 1990/4. Aufl. (Windmühle Verlag)

Dera, Klaus (Hrsg.): Lernen für die Praxis – Medien, Techniken, Methoden. Weinheim und Basel 1984 (Beltz Verlag)

*Döring, Klaus W.: Lehren in der Weiterbildung – Ein Dozentenleitfaden. Weinheim 1990/3. Aufl. (Deutscher Studien Verlag)

Domke, Horst: Erziehungsmethoden – Aspekte und Formen des Methodischen in der Erziehung. Pädagogik – Eine Einführung. Bd. 2. Donauwörth 1991/6. Aufl. (Auer Verlag)

Echtler, Thomas und Töller, Jochen: Leiten will gelernt sein – Ein Handbuch für Mitarbeiter in der kirchlichen Erwachsenenbildung. München 1987 (Pfeiffer Verlag)

Emeis, Dieter und Schmitt, Karl Heinz: Kleine Methodik der Erwachsenenbildung in der Kirche – Anregungen und Merkblätter für Veranstalter, Referenten, Gesprächsleiter und Gruppen. Freiburg/Basel/Wien 1974 (Herder) (auch für nicht-kirchliche EB verwendbar!)

Erl, Willi: Methoden moderner Jugendarbeit. 1.: Vonm Activing zum Zwischenspiel. Tübingen 1981/8. Aufl.; 2.: Von Abfallkunst bis Zettelkasten. Tübingen 1979/2. Aufl. (Katzmann-Verlag)

Fatzer, Gerhard: Ganzheitliches Lernen – Humanistische Pädagogik und Organisationsentwicklung. Paderborn 1987 (Verlag Jungfermann)

Fengler, Jörg: Verhaltensänderung in Gruppenprozessen. Heidelberg 1975 (Quelle und Meyer)

Fritz, Jürgen: Spielkartei. Mainz o.J. (Matthias-Grünewald-Verlag)

Frommer, Helmut: Lernen, Wissen, Bildung – Ein integrierendes Lernkonzept für die Erwachsenenbildung. Schriften der Pädagogischen Arbeitsstelle für Erwachsenenbildung in Baden-Württemberg. Bd. 16. Villingen-Schwenningen 1991 (Neckar-Verlag)

*Geißler, Karlheinz A.: Anfangssituationen – Was man tun und besser lassen sollte. Weinheim und Basel 1993/5. Aufl. (Beltz Verlag)

*Geißler, Karlheinz A.: Schlußsituationen – Die Suche nach dem guten Ende. Weinheim und Basel 1992 (Beltz Verlag)

Gerl, Herbert: Methoden in der Erwachsenenbildung. In: Hans-Dietrich Raapke und Wolfgang Schulenberg (Hrsg.). Didaktik der Erwachsenenbildung. Handbuch der Erwachsenenbildung. Bd. 7, S. 43–53. Stuttgart/Berlin/Köln/Mainz 1985 (W. Kohlhammer)

*Gerl, Herbert und Pehl, Klaus: Evaluation in der Erwachsenenbildung. Bad Heilbrunn 1983 (Julius Klinkhardt)

*Griesbeck, Josef: Jeder Anfang ist ein Spiel. München 1989 (Don Bosco Verlag)

Grom, Bernhard: Methoden für Religionsunterricht. Jugendarbeit und Erwachsenenbildung. Düsseldorf/Göttingen 1987/8. Aufl. (Patmos Verlag/Vandenhoeck & Ruprecht) (nur z.T. sachorientierte Methoden enthaltend und nur bedingt für die Erwachsenenbildung verwendbar)

Das Gruppengespräch – 34 Methodikblätter für Gruppenleiter. Gelnhausen/Berlin/Stein/Freiburg 1978 (Burckhardthaus-Laetare Verlag/Christophorus-Verlag)

Gutte, Rolf: Gruppenarbeit – Theorie und Praxis sozialen Lernens. Frankfurt 1976 (Diesterweg)

Haug, Egbert u.a.: Arbeitsblätter für Erwachsene – Gesprächsgruppen in der Kirche. Gelnhausen/Berlin/Stein/Freiburg 1977 (Burckhardthaus-Laetare Verlag/Christophorus-Verlag)

Hinte, Wolfgang und Karas, Fritz: Studienbuch Gruppen- und Gemeindegruppenarbeit – Eine Einführung für Ausbildung und Praxis. Neuwied/Frankfurt am Main 1989 (Luchterhand Verlag)

Hoberg, Gerrit: Training und Unterricht – Anregungen für die Vorbereitung und Durchführung von Unterricht und Seminaren. Stuttgart 1991/2. Aufl. (Klett Verlag)

Karas, Fritz: Grundprogramm Gruppenarbeit – Arbeits- und Aktionshilfen für Bürgergruppen. Wuppertal 1980 (Jugenddienst-Verlag)

*Klebert, Karin u.a.: Kurzmoderation – Anwendung der Moderationsmethode in Betrieb, Schule, Hochschule, Kirche, Politik, Sozialbereich und Familie bei Besprechungen und Präsentationen. Hamburg 1987/2. Aufl. (Windmühle Verlag)

Klebert, Karin, u.a.: Moderationsmethode – Gestaltung der Meinungs- und Willensbildung in Gruppen, die miteinander lernen und leben, arbeiten und spielen. Hamburg 1989/4. Aufl. (Windmühle Verlag)

*Knippenkötter, Anneliese u.a.: Arbeiten mit Gruppen. Düsseldorf 1983/3. Aufl. (Klens-Verlag)

Knoll, Jörg: Gruppentherapie und pädagogische Praxis – Ansätze, Arbeitsformen und Konsequenzen für die Arbeit mit Gruppen in Schule und Erwachsenenbildung. Bad Heilbrunn 1977 (Julius Klinkhardt)

*Knoll, Jörg: Kurs- und Seminarmethoden – Ein Trainingsbuch zur Gestaltung von Kursen und Seminaren, Arbeits- und Gesprächskreisen. Weinheim und Basel 1993/5. Aufl. (Beltz Verlag)

Knoll, Jörg, in Verbindung mit Gerhard Hofmeister und Anne-Elisabeth von Poeppinghausen-Hendrich (Hrsg.): Am Alltag lernen – 22mal Erwachsenenbildung. Bad Heilbrunn 1983 (Julius Klinkhardt)

Langer, Günter: Darsteller ohne Bühne – Anleitung zum Rollenspiel im Unterricht. Zug 1989 (Klett + Balmer Co.)

*Langner-Geißler, Traute und Lipp, Ulrich: Pinwand, Flipchart und Tafel. Mit den Augen lernen. Seminareinheit 3. Weinheim und Basel 1991 (Beltz Verlag)

Meyer, Ernst: Gruppenunterricht – Grundlegung und Beipsiel. Oberursel 1975/7. Aufl. (Finken-Verlag)

Meyer, Hilbert: Unterrichtsmethode – I: Theorieband. Frankfurt 1992/5. Aufl.; II: Praxisband. Frankfurt 1991/4. Aufl. (Cornelsen)

Mischke, Wolfgang u.a.: Methoden und Medien. NQ-Nebenberufliche Qualifikationen. Heft 3. Weinheim und Basel 1983/2. Aufl. (Beltz Verlag)

*Müller, Kurt R. (Hrsg.): Kurs- und Seminargestaltung – Ein Handbuch für Mitarbeiter/-innen im Bereich von Training und Kursleitung. Weinheim und Basel 1992/4. Aufl. (Beltz Verlag)

Müller, Peter: Methoden in der kirchlichen Erwachsenenbildung. München 1992 (Kösel-Verlag)

Müller, Peter: Praxis der Erwachsenenbildung in der Gemeinde: Situationen, Ziele, Planung, Organisation. München 1986 (Kösel-Verlag)

Niggemann, Wilhelm: Praxis der Erwachsenenbildung. Freiburg 1979/3. Aufl. (Herder-Verlag)

Nijkerk, K. J. und Praag, Ph. H. von: Die Arbeit mit Gruppen – Ein Handbuch. Freiburg 1980/2. Aufl. (Lambertus)

*Rabenstein, Rainer: Lernen kann auch Spaß machen – 108 Methoden zum Einstieg, zur Aktivierung bei Müdigkeit und Unlust und zur Auswertung der gemeinsamen Arbeit. Darmstadt 1980 (Arbeitsstelle für Erwachsenenbildung der Evangelischen Kirche in Hessen und Nassau, Postfach 44 47, 64276 Darmstadt)

Ruddies, Günther H.: Erfolgreiche Erwachsenenbildung – Praxis, Reflexion, Ratgeber. Schriften der Pädagogischen Arbeitsstelle für Erwachsenenbildung in Baden-Württemberg, Bd. 15. Villingen-Schwenningen 1991 (Neckar-Verlag)

Schoeneich, Dieter: Wie macht man eine Tagung? Lernziele – Planung – Durchführung. München 1975 (J. Pfeiffer)

Schwäbisch, Lutz und Siems, Martin: Anleitung zum sozialen Lernen für Paare, Gruppen und Erzieher – Kommunikations- und Verhaltenstraining. Hamburg 1991 (Rowohlt)

Schwalbacher Spielekartei. Mainz o.J. (Matthias-Grünewald-Verlag)

*Seifert, Josef W. und Pattay, Silvia: Visualisieren, Präsentieren, Moderieren. Lehren und Lernen, Gabal Band 6. Speyer 1989 (Gabal Verlag)

Sikora, Joachim: Handbuch der Kreativ-Methoden. Heidelberg 1976 (Quelle und Meyer)

Vopel, Klaus W.: Anfangsphase – Experimente für Lern- und Arbeitsgruppen, 2 Bände. Hamburg 1984 (Isko-Press)

*Vopel, Klaus W.: Anwärmspiele. Hamburg 1990/3. Aufl. (Isko-Press)

Vopel, Klaus W.: Handbuch für Gruppenleiter – Zur Theorie und Praxis der Interaktionsspiele. Hamburg 1988/5. Aufl. (Isko-Press)

*Vopel, Klaus W.: Interaktionsspiele, 6 Bände. Hamburg 1989–1991 (Isko-Press)

Wahl, Diethelm u.a.: Erwachsenenbildung konkret – Mehrphasiges Dozententraining. Eine neue Form erwachsenendidaktischer Ausbildung von Referenten und Dozenten. Weinheim 1991 (Deutscher Studien Verlag)

Methodenverzeichnis

(Die Seiten, auf denen eine Methode ausführlicher dargestellt ist, sind hervorgehoben.)